COLLECTION
ARCADES

YUKIO MISHIMA

LE JAPON MODERNE ET L'ÉTHIQUE SAMOURAÏ

LA VOIE DU *HAGAKURÉ*

*Traduit de l'anglais
par Emile Jean*

nrf

GALLIMARD

Titre original

HAGAKURE NYUMON (INTRODUCTION TO HAGAKURE)

© *Yoko Mishima*
First published in Japan
Published by arrangement with Orion Press, Tokyo,
and Souvenir Press (E & A) Ltd, London
© *Éditions Gallimard, 1985, pour la traduction française*

SOMMAIRE

LES QUARANTE-HUIT PRINCIPES
DE VIE DU *HAGAKURÉ*

COMMENT LIRE LE *HAGAKURÉ*

AVANT-PROPOS
DE LA TRADUCTRICE AMÉRICAINE

C'est au mois d'août 1967, trois mois avant son spectaculaire hara-kiri *au Quartier général de la Force d'autodéfense, à Tokyo, que Yukio Mishima a écrit ce livre captivant, dans lequel il expose son interprétation personnelle du grand classique de l'éthique samouraï, le* Hagakuré *(littéralement* caché dans la feuillée*). Dès le lendemain du suicide de Mishima en novembre 1970, cet ouvrage connut un foudroyant succès de librairie. Les nombreux admirateurs de Mishima de même que les contempteurs de ses positions politiques se tournèrent vers le* Hagakure *dans l'espoir de mieux comprendre la tragédie ultime de l'écrivain.*

Le Hagakuré *est surtout célèbre par une formule que citent bien des gens qui n'ont jamais lu le livre :* « Je découvris que la Voie du samouraï, c'est la mort. » *Mais l'auteur poursuit par d'autres affirmations tout aussi frappantes :* « Tenu de choisir entre la mort et la vie, choisis sans hésiter la mort. Rien n'est plus simple. Rassemble ton courage et agis... Celui qui choisit de continuer à vivre alors qu'il a failli à sa mission, celui-là encourra le mépris qui va aux lâches et aux misérables... Si l'on veut devenir un parfait samouraï, il est nécessaire de se préparer à la mort matin et soir et jour après jour. »

L'une des nombreuses images que Mishima a données de lui-même est celle d'un samouraï des temps modernes. Il lui impor-

*tait au plus haut point de mourir dans la fleur de l'âge et
d'avoir une mort digne de la tradition des samouraïs. Jusque
dans les détails, la mise en scène de son suicide au Quartier
général de la Force japonaise d'autodéfense atteste l'influence
du* Hagakuré. *C'est ainsi, par exemple, qu'une maxime tirée
de ce livre ornait le bandeau qui ceignait le front de Mishima et
de ses compagnons au moment où il prononça sa dernière et
pathétique profession de foi. Et le soin particulièrement méticuleux qu'il mit à sa toilette, le matin de son dernier jour, reflète
l'esprit du* Hagakuré *tel que le comprenait Mishima :* « *Les
hommes doivent avoir un teint de fleur de cerisier, même dans
la mort.* »

Le Hagakuré *contient les enseignements du samouraï devenu prêtre Jōchō Yamamoto (1659-1719) recueillis par écrit et
mis en ordre par son élève Tsuramoto Tashiro. Pendant des
générations, le manuscrit fut conservé par la famille Nabeshima
du Han de Saga dans le nord de Kyusiu pour l'édification du
daimyo et de ses samouraïs. Mais pendant quelque cent cinquante ans, jusqu'à la restauration de 1868, seuls de rares élus
eurent accès au* Kagakuré, *considéré apparemment comme un
traité occulte auquel la famille Nabeshima accordait trop de
valeur pour ne pas vouloir s'en réserver les bienfaits. Il est également possible que ce texte, qui prônait une loyauté absolue
envers le daimyo Nabeshima, eût paru subversif au gouvernement central, s'il avait été mis en circulation.*

L'ère Meiji réinterpréta les principes du Hagakuré *dans le
sens d'une loyauté inconditionnelle envers l'Empereur et la
nation japonaise et le livre devint alors pour la première fois
accessible au public lettré. Dans la ferveur nationaliste des
années trente, on en publia plusieurs éditions ainsi que des com-
mentaires qui affirmaient trouver dans les enseignements de
Jōchō rien de moins que* « *le génie même du Japon dans ce qu'il
a d'unique* » — yamato — damashii. *Pendant la Seconde
Guerre mondiale, les éditions se succédèrent et le livre se vendit
à un nombre stupéfiant d'exemplaires.* «*Je découvris que la Voie
du samouraï, c'est la mort* » *servit de slogan pour fanatiser les*

jeunes Kamikaze que l'on envoyait à la mort. Mais sitôt la guerre finie on se détourna du Hagakuré *comme d'un livre dangereux et subversif. On en détruisit de nombreux exemplaires pour qu'ils ne tombent pas sous les yeux des autorités d'occupation.*

Le Hagakuré, *bien entendu, ne traite pas seulement de la mort. Dans sa forme originelle, c'est une énorme compilation dans laquelle on trouve aussi bien des préceptes moraux et pratiques à l'usage du samouraï que des indications sur l'histoire locale et sur les exploits de divers guerriers. Mishima ne parle que des* **trois** *premiers volumes et si la mort reste son thème central, il met également l'accent sur l'action, la subjectivité, la force de caractère, la passion et l'amour, essentiellement homosexuel. Il se délecte, en outre, à nous fournir de nombreux exemples des conseils pratiques et quotidiens que dispense Jōchō, qu'il s'agisse de la façon de préparer une assemblée, de la conduite à observer dans une beuverie, de l'éducation des enfants ou de procédés pour se retenir de bâiller en public. Mishima dresse un parallèle entre la décadence morale de l'époque de Jōchō et celle du Japon de l'après-guerre dans lequel, explique-t-il, les leçons de Jōchō l'ont aidé à trouver la voie d'une existence anachronique et donc digne d'être vécue.*

Le coup de génie de Mishima est d'appliquer à la société moderne l'impitoyable réquisitoire que l'éthique samouraï dresse contre la société dans laquelle le Hagakuré *fut écrit. Ses ouvrages de fiction évoquent souvent l'atomisation de la société moderne et l'impossibilité de la communication spirituelle ou affective entre les êtres. Mais dans les dernières œuvres de Mishima, le désespoir de la solitude se conjugue à l'exaltation de l'autonomie de l'individu. Le héros de Mishima est capable d'assumer seul tout ce qui le passionne. Il n'a pas davantage besoin des autres qu'il n'a cure de leurs besoins. Une telle attitude trouve son accomplissement ultime dans la mort de Mishima — mort qu'il s'est donnée lui-même, pour une cause dont il savait qu'il ne la ferait avancer en rien, au nom d'un empereur qui ne s'intéressait pas à lui. Le chemin qui l'a conduit à cette mort violente mais fascinante, on peut le voir se dessiner dans les pages qui suivent.*

Kathryn Sparling
Columbia University
Janvier 1977

Prologue

LE *HAGAKURÉ* ET MOI

Le Bal du Comte d'Orgel *de Raymond Radiguet*
et le recueil des Œuvres *d'Akinari Ueda*

L'amitié et la lecture sont les compagnes spirituelles
de la jeunesse. Les amis ont des corps de chair et de sang
et changent incessamment. Les enthousiasmes de tel ou
tel âge retombent avec le temps et laissent place à d'autres que l'on partage avec un nouvel ami. En un sens, il
en va de même des livres. Nul doute que tel livre qui a
inspiré notre enfance, repris et relu des années plus tard,
n'exercera plus sa séduction aiguë et semblera le cada-
vre de celui dont nous gardons le souvenir. Mais les amis
et les livres présentent cette différence essentielle que les
premiers changent et non les seconds. Même abandonné
à la poussière sur un coin de rayonnage, le livre persiste
opiniâtrement dans son style et dans sa philosophie.
L'accepter ou le rejeter, le lire ou pas, ne modifient le
livre que dans la relation que nous avons avec lui, et
c'est tout.
 Mon enfance s'est déroulée pendant la guerre. En ce
temps-là, le livre qui me bouleversa le plus fut un roman
de Raymond Radiguet, *Le Bal du Comte d'Orgel*. C'est un
chef-d'œuvre de style classique qui égale Radiguet aux

plus grands maîtres de la littérature française. Sans mettre, cependant, le moins du monde en cause la valeur esthétique de l'œuvre de Radiguet, je dois reconnaître qu'à l'époque, le jugement que je portais sur elle reposait à moitié sur de mauvaises raisons. Radiguet me fascinait — ce génie, mort à vingt ans à peine en laissant au monde un tel chef-d'œuvre ; et moi, dont le sort presque certain était de partir à la guerre et d'y mourir aussi jeune que lui, je surimposais ma propre image à la sienne. Je fis de lui, en quelque sorte, mon rival personnel, et de ses prouesses littéraires, un but à atteindre avant de mourir. Aussi, ma vie s'étant, contrairement à mon attente, prolongée après la guerre et mes goûts littéraires ayant évolué, la fascination qu'exerçait sur moi ce roman s'affaiblit-elle tout naturellement.

L'autre livre était le recueil des *Œuvres* de Akinari Ueda[1] (érudit, poète et conteur de la fin de la période d'Edo) que j'emportais avec moi pendant les bombardements. Je ne sais toujours pas vraiment ce qui, à cette époque, m'attachait si fort à Akinari Ueda. Peut-être avais-je érigé en image idéale du récit à la japonaise l'anachronisme délibéré d'Akinari et l'art exquis de ses contes où je voyais comme des joyaux parfaitement polis. Le respect que je porte à Radiguet et à Akinari n'a en rien diminué ; ils ont seulement cessé peu à peu d'être mes compagnons de chaque instant.

---

1. Akinari Ueda (1734-1809). Erudit, poète et romancier de la fin de la période d'Edo, surtout connu pour ses récits surnaturels étranges, au style très travaillé. Son œuvre la plus célèbre est sans doute *Ugetsu monogatari* (*Contes de pluie et de lune,* trad. R. Sieffert, Paris, 1956) qui inspira à Kenji Mizoguchi son film *Ugetsu.*

Le Livre, le seul, l'unique à mes yeux : le Hagakuré

Il y a un autre livre encore, c'est le *Hagakuré* de Jōchō Yamamoto. C'est pendant la guerre que j'ai commencé à le lire et à cette époque il ne quittait guère ma table de travail. Depuis lors, pendant les vingt années qui se sont écoulées, s'il est un livre auquel je n'ai cessé de me reporter, en relisant tel ou tel passage selon les circonstances avec une émotion immanquablement renouvelée, c'est bien le *Hagakuré*. Singulièrement, il fallut que passe l'extraordinaire vogue du *Hagakuré* et que, la guerre finie, il cessât d'être le livre qu'on ne pouvait absolument pas se dispenser d'avoir lu, pour que sa lumière commençât à poindre en moi. Après tout, peut-être le *Hagakuré* a-t-il un destin foncièrement paradoxal. Pendant la guerre, le *Hagakuré* était comme un objet luminescent exposé au grand jour ; or, c'est dans les ténèbres les plus noires que le *Hagakuré* jette son éclat véritable.

J'ai fait mes débuts de romancier dans l'immédiat après-guerre. Les nouveaux courants littéraires de l'ère qui s'ouvrait tourbillonnaient alors autour de moi. Mais ce qu'on appelle la littérature d'après guerre[1] ne touchait ni mon intelligence ni ma sensibilité d'écrivain. La vitalité, l'énergie déployée par des hommes dont les origines intellectuelles et philosophiques différaient des miennes et dont les goûts littéraires m'étaient étrangers, passa sur moi comme un ouragan — mais ce fut tout. Bien sûr, je me sentais isolé. Et je m'efforçais de reconnaître ce qui m'avait servi, en dernière analyse, de guide de vie tout au long des années de guerre et qui allait continuer à jouer ce rôle à présent que la paix était revenue. Ce n'était pas le matérialisme dialectique de Marx,

---

1. Cette « littérature de l'après-guerre » fait référence à des romans et à des nouvelles écrits au lendemain de la guerre par des écrivains de gauche que préoccupaient l'expérience de la guerre et l'édification d'un nouveau Japon.

ni le Rescrit impérial sur l'éducation. Le livre dont je
ferais mon guide spirituel de tous les instants devrait à la
fois constituer le fondement de mon sens moral et donner à ma jeunesse le moyen de se réconcilier avec elle-
même. Ce livre devrait pouvoir offrir un appui sûr à cette
solitude qui était la mienne et à mon attitude anachronique. Qui plus est, il fallait que ce livre fût rejeté par le
monde moderne. Le *Hagakuré* satisfaisait à toutes ces exi-
gences. Ce livre, comme tous les autres que le temps de
guerre avait portés au pinacle, on se mit à le décrier
comme une œuvre répugnante, laide et maligne, un livre
souillé dont il fallait effacer le souvenir — bon à jeter, par
ballots entiers, à la décharge publique. Ainsi est-ce dans
les ténèbres de notre époque que, pour la première fois,
le *Hagakuré* brille de sa lumière authentique.

Le Hagakuré, *le livre qui enseigne la liberté et la passion*

Alors ce que j'avais perçu dans le *Hagakuré* pendant la
guerre a commencé à manifester sa véritable signification : ce livre prêchait la liberté, ce livre enseignait la
passion. Ceux qui, du *Hagakuré*, n'ont lu avec attention
que sa formule la plus célèbre continuent à ne voir dans
cet ouvrage que l'expression d'un odieux fanatisme. Or,
dans cette unique formule : « je découvris que la Voie du
samouraï, c'est la mort », on peut apercevoir le paradoxe
qui sous-tend l'ensemble du livre. C'est cette phrase qui
m'a donné la force de vivre.

Mon témoignage

La première fois que j'ai confessé ma dévotion au
Hagakuré c'est, après la guerre, dans un article publié en

1955 et intitulé « Jour faste de l'écrivain ». Voici l'essentiel de ce texte.

Je me suis mis à lire le *Hagakuré* pendant la guerre et à présent encore je le relis de temps à autre. C'est un livre étrange, d'une hauteur morale inégalée. Son ironie n'est pas celle, délibérée, du cynique ; elle surgit naturellement de l'écart qui sépare la décision pratique de la connaissance de la conduite juste. Quel livre stimulant, quel bain de fraîcheur pour l'âme, quelle humanité !

Ceux qui abordent le *Hagakuré* du point de vue d'une convention sociale établie, la morale féodale, par exemple, sont presque totalement insensibles à la joie qu'il dégage. De ce livre débordent l'exubérance et la liberté d'hommes qui étaient assujettis à une morale sociale rigide. Cette morale imprégnait le tissu même de la société et son système économique. Elle constituait la prémisse unique de l'existence de ces hommes, et à partir de cette prémisse tout tendait à la glorification de l'énergie et de la passion. L'énergie, c'est le bien, l'inertie, c'est le mal. Sans le moindre soupçon de cynisme, le *Hagakuré* recèle une stupéfiante intelligence du monde. Ce qu'on ressent à sa lecture est à l'opposé de l'arrière-goût désagréable que laisse un La Rochefoucauld, par exemple.

Peu de livres apportent autant que le *Hagakuré* des fondements éthiques à l'épanouissement de la fierté individuelle. Impossible, en effet, de valoriser l'énergie si l'on condamne la fierté. Et dans cette direction, on ne saurait aller trop loin. L'arrogance elle-même revêt un caractère moral (mais dans le *Hagakuré* il ne s'agit pas d'une arrogance abstraite). « Le samouraï doit avoir la certitude d'être le guerrier le plus expert et le plus brave du Japon tout entier. » « Le samouraï doit tirer un grand orgueil de sa valeur militaire ; sa résolution suprême doit être de mourir en fanatique. » Et le fanatisme ignore absolument le sens de la correction ou de la bienséance.

La morale pratique qu'enseigne le *Hagakuré* à l'usage de la vie quotidienne revient, pour l'homme d'action, à s'en remettre à l'opportunité. À propos de la mode, Jōchō fait cette remarque désinvolte : « Il est donc essentiel de faire les choses de la façon convenable en toute époque. » L'opportunité signifie simplement le mépris éthique des excès du raffinement dans tous les domaines. Il faut être obstiné et non conformiste. Depuis les temps anciens, les samouraïs ont presque tous été des non-conformistes, fermes dans leurs desseins et courageux.

De même que toute création artistique naît d'une résistance à son époque, de même les enseignements de Jōchō Yamamoto consignés dans ce livre étaient en réaction contre le luxe extravagant des ères Genroku et Hōei (1688-1704 ; 1704-1709)...

« *Je découvris que la Voie du Samouraï, c'est la mort* »

Lorsque Jōchō dit : « Je découvris que la Voie du samouraï, c'est la mort », il affirme ses principes de liberté et de bonheur, son utopie. C'est pourquoi le *Hagakuré* peut nous apparaître aujourd'hui comme la description d'un pays idéal. Ma conviction est que si un tel idéal devait jamais se réaliser, les habitants de ce pays seraient beaucoup plus heureux et plus libres que nous ne le sommes à présent. Mais seul a existé le rêve de Jōchō.

Pour le mal moderne, le traitement prescrit par l'auteur du *Hagakuré* est trop radical. Pressentant un divorce dans l'âme humaine, il met en garde contre la souffrance qui en résulterait : « Il est erroné, dit-il, d'attacher son esprit à deux objets à la fois. » Nous devons retrouver la foi dans la pureté et la glorifier. Jōchō, qui ne pouvait s'empêcher de saluer toute passion pourvu qu'elle fût sincère, connaissait bien les lois de la passion...

Infortune et bonheur de l'homme d'action

Que l'on considère la mort naturelle ou, à l'instar du *Hagakuré*, la mort par l'épée ou l'éventration comme le degré ultime de l'apprentissage de la perfection, cela fait peu de différence à mes yeux. D'être un homme d'action ne modifie ni n'assouplit en aucune façon la loi qui assujettit l'être humain à l'écoulement du « temps ». « Tenu de choi-

sir entre la mort et la vie, choisis sans hésiter la mort. »
Dans cette maxime, Jōchō ne fait que suivre le sens commun qui dit qu'en n'importe quelle situation, l'abnégation
vous garantit un minimum de vertu. Mais une situation où
l'on est vraiment tenu de choisir entre la mort et la vie ne
se présente pas tous les jours. Il est significatif qu'en choisissant d'insister sur la décision de mourir tout de suite, Jōchō
rejette dans l'ombre les critères permettant de savoir si
l'on est vraiment dans une situation de vie ou de mort.
L'évaluation de la situation qui débouche sur la décision de
mourir n'est que le dernier maillon d'une lourde chaîne
d'évaluations qui ont abouti à la décision de vivre, et cet
endurcissement incessant du jugement en vue de la décision ultime donne une idée de la longue phase de tension et
de concentration par laquelle doit passer l'homme d'action.
Aux yeux de l'homme d'action, la vie apparaît souvent
comme un cercle qu'il s'agit de parfaire par l'ajout d'un
dernier et unique point. À chaque instant, un tel cercle se
présente à lui, incomplet de par le manque de ce point, et à
chaque instant, sa survie est de l'écarter. À l'inverse, l'existence d'un artiste ou d'un philosophe pourrait se représen-
ter comme l'accumulation autour de lui de cercles concen-
triques et progressivement plus amples. Mais lorsque, à la
fin, la mort survient, qui, de l'homme d'action ou de l'artiste, aura eu le plus pleinement un sentiment d'accomplissement ? Je suis persuadé qu'un homme dont la mort parfait le monde en un instant par l'ajout d'un unique point en
retire un sentiment d'accomplissement beaucoup plus intense.
   Le pire malheur pour l'homme d'action est que la mort
lui échappe alors même que ce dernier et infaillible point a
été ajouté.
   Yoichi Nasu vécut encore longtemps après qu'il eut
impeccablement transpercé de sa flèche l'éventail qui lui
servait de cible[1]. Les enseignements de Jōchō sur la mort
éclairent le véritable bonheur de l'homme d'action et non
les caractères superficiels de l'action elle-même. Et Jōchō,

---

1. Yoichi Nasu. Héros secondaire des Contes du Heiké (récits de guerre du
treizième siècle). En réponse à un défi, il aurait fiché une flèche en plein centre
du soleil levant peint sur le plat-bord d'un vaisseau ennemi, et cela tout en
chevauchant et en dépit de l'énormité de la distance et de la violence du
vent.

qui rêvait d'atteindre à ce bonheur, voulut se suicider à quarante-deux ans lorsque mourut son seigneur, Mitsushige Nabeshima (second daimyo de la lignée des Nabeshima), mais se heurta à une interdiction de se suicider par loyauté envers le daimyo. Jōchō se rasa le crâne, se voua au Bouddha et mourut de mort naturelle à soixante et un ans, léguant, à regret, le *Hagakuré* à la postérité.

Le Hagakuré, *matrice de mon œuvre littéraire*

Mes sentiments à l'égard du *Hagakuré* n'ont guère changé jusqu'à aujourd'hui. Plus exactement, je crois que c'est au moment où je rédigeais cet article que le *Hagakuré* s'est pour la première fois imposé à ma conscience et depuis lors je n'ai cessé de m'exercer, de toute ma passion et de toute mon énergie, à vivre le *Hagakuré*. En bref, l'emprise du *Hagakuré* sur moi s'est faite de plus en plus profonde. Mais la voie que je suis est celle de l'artiste, de l'amuseur, réprouvée par le *Hagakuré*, et j'ai été la proie d'un conflit entre mon art et l'éthique de l'action. Voilà que se trouvait formulé le soupçon, qui m'avait hanté des années durant, qu'une sorte de couardise se cachait inévitablement sous la surface de toute littérature. À vrai dire, c'est à l'influence du *Hagakuré* que je dois mon ferme attachement à la « Voie conjuguée de l'homme d'étude et de l'homme de guerre[1] ». J'étais pleinement convaincu qu'il n'est pas de discipline plus propice aux belles phrases mais plus difficile à mettre en pratique que cette « Voie conjuguée de l'homme d'étude et de l'homme de guerre » ; mais je compris que celle-ci m'offrait la seule excuse valable à

---

1. La « Voie conjuguée de l'homme d'étude et de l'homme de guerre ». Cette doctrine, prônée par le gouvernement Tokugawa, pendant ses deux siècles de paix, incitait les samouraïs à se perfectionner autant dans l'étude et la littérature que dans les arts martiaux.

mon choix de la condition d'artiste. Cette prise de conscience aussi je la dois au *Hagakuré*.

Je reste convaincu que l'art confiné douillettement dans ses seules limites s'étiole et meurt, et en ce sens, je ne crois pas à ce qu'on appelle communément l'art pour l'art. L'art qui ne s'expose pas à des menaces et à des stimulants venus du dehors s'épuise. L'art littéraire trouve ses matériaux dans la vie, mais la vie, qui est ainsi la mère de la littérature, est en même temps son ennemie implacable. Bien que la vie habite l'auteur même, elle est aussi l'antithèse éternelle de l'art. Tout à la fois, je voyais dans le *Hagakuré* une philosophie de la vie et j'éprouvais le sentiment que son bel univers primitif pourrait revigorer le monde croupissant de la littérature. Selon moi, la signification du *Hagakuré* réside dans la vision de ce monde primitif et bien que je doive à l'influence de ce livre l'exceptionnelle difficulté que j'éprouve à m'accepter comme artiste, il est néanmoins vrai que le *Hagakuré* est comme la matrice qui a donné naissance à mon œuvre littéraire. Là est la source inépuisable de ma vitalité — car là est l'aiguillon implacable, la voix qui ordonne, le critique cruel, et là est une beauté qui est celle de la glace.

Mon Hagakuré

LE *HAGAKURÉ* EST BIEN VIVANT

> *Ma conviction est que la forme ultime de l'amour, c'est l'amour secret. Partagé, l'amour diminue de stature. Se consumer d'amour tout au long de sa vie, mourir d'amour sans avoir prononcé le nom chéri, là est la véritable signification de l'amour.* (Livre II.)

Une jeunesse enlitée du « stylo Cardin »

Au cours des vingt années qui ont immédiatement suivi la guerre, le Japon a évolué vers la situation qu'avait exactement anticipée le *Hagakuré*. Il n'y eut plus de samouraïs au Japon, il n'y eut plus de guerre, l'économie renaissait, une atmosphère de paix submergeait tout ; et la jeunesse s'ennuyait. Le *Hagakuré,* je le répète, est un livre paradoxal. Lorsque le *Hagakuré* dit : « la fleur est rouge », l'opinion commune dit : « la fleur est blanche ». Lorsque le *Hagakuré* dit : « on ne doit pas s'engager dans cette voie », telle est précisément la voie que le monde en général suit avec ardeur. En dernière analyse, ce livre austère qu'est le *Hagakuré* recouvre une situation sociale et des mentalités qui le contredisent, et qui ont constitué, en toute époque, la façon du peuple japonais de vivre le temps de paix.

Prenons dans la vie courante un exemple de ce phénomène. Notre époque n'est certainement pas la première où la mode masculine ait poussé le raffinement
jusqu'à, dirait-on, éclipser la mode féminine. Le spectacle qu'offrent aujourd'hui les jeunes hommes entichés de
la « silhouette Cardin » n'est pas inédit dans l'histoire
japonaise. Pendant la période Genroku (c'est en 1700,
treizième année de cette période, que Jōchō s'est retiré
du monde) un goût pour le clinquant et la magnificence
ostentatoire s'empara du cœur des hommes et affecta
non seulement leur vêtement mais jusqu'à la courbure
de leurs sabres et l'ornementation de ces sabres et de la
dague qu'ils portaient accrochée au fourreau. Il suffit
d'un regard aux équipages tapageurs et aux luxueux
divertissements dépeints sur les tableaux de genre de
Moronobu Hishikawa (artiste *ukiyo'e* du début de la
période d'Edo) pour imaginer la somptuosité de cette
époque dominée par l'opulence raffinée des bourgeois et
des marchands.

Aujourd'hui, rendez-vous dans un bar où l'on joue du
jazz et mêlez-vous à la conversation des jeunes d'une
vingtaine d'années ou moins qui s'y trouvent et vous
constaterez qu'ils ne parlent de rigoureusement rien
d'autre que d'élégance vestimentaire et de la façon de se
donner l'air chic. J'ai fait un jour l'expérience que voici.
Entré dans un de ces bars modernes, à peine avais-je
pris place à une table qu'un jeune assis à la table voisine
me soumit à un véritable interrogatoire : « Ces chaussu-
res, les avez-vous fait faire ? Où les avez-vous fait faire ?
Et vos boutons de manchettes, où les avez-vous achetés ?
Où avez-vous trouvé le drap de votre costume ? Quel est
le nom de votre tailleur ? » Ses questions se succédaient,
rapides et pressantes. Mais un autre jeune homme qui
l'accompagnait le prit à partie. « Arrête donc. Tu as l'air
d'un mendiant avec tes questions. Pourquoi ne pas l'observer sans rien dire et puis lui voler ses idées ? » Et le

premier de répliquer : « Tu ne trouves pas que c'est plus honnête de l'interroger et de s'instruire franchement auprès de lui ? »

S'instruire, pour eux, signifiait apprendre à se montrer sous leur jour le plus avantageux, se faire initier aux secrets de la mode masculine. Voici un passage du *Hagakuré* qui met en évidence une attitude semblable :

> Les temps ont bien changé, ces trente dernières années. Quand de jeunes samouraïs se rencontrent, c'est pour parler d'argent, de profits et de pertes, de la façon judicieuse de mener son ménage, ou d'apprécier la qualité d'un vêtement et pour se raconter leurs bonnes fortunes. Un autre sujet survient-il dans la conversation, l'atmosphère s'assombrit immédiatement et chacun se sent vaguement mal à l'aise. Nous sommes tombés bien bas ! (Livre I.)

La féminisation du mâle

On nous rebat les oreilles avec la féminisation du mâle japonais d'aujourd'hui et on l'impute inévitablement à l'influence de la démocratie américaine — « les dames d'abord », et ainsi de suite. Mais ce n'est pas là non plus un phénomène inédit dans notre histoire. Lorsque le *bakufu* des Tokugawa eut assuré son hégémonie et que s'ouvrit une ère de paix en rupture avec la virilité rude et abrupte d'une nation en guerre, une féminisation du mâle japonais commença aussitôt. Ce phénomène apparaît à l'évidence dans les gravures de Harunobu Suzuki, maître du style *ukiyo* au XVIIIᵉ siècle : dans les couples étroitement enlacés qui contemplent les pruniers en fleur du bord d'une véranda, il est impossible, sous quelque angle qu'on les examine, de discerner l'homme de la femme tant ils se ressemblent par leur coiffure, la coupe de leurs vêtements, les motifs des étoffes et jusqu'à l'expression de leur visage. À l'époque où le *Hagakuré* fut écrit, cette tendance se dessinait déjà. Voici un passage d'une ironie cinglante, intitulé « Le pouls féminin » :

Je tiens cette histoire d'une de mes relations. Un certain docteur Kyōan aurait fait un jour la déclaration suivante : « En médecine, nous distinguons entre les hommes et les femmes grâce aux principes du yin et du yang que nous leur appliquons et à l'origine il en découlait des façons différentes de les traiter. Le pouls également diffère. Au cours des cinquante dernières années, cependant, le pouls des hommes est peu à peu devenu semblable à celui des femmes. Ayant observé ce phénomène, il m'a paru indiqué de soigner les maux d'yeux de mes patients masculins en leur appliquant la méthode adaptée normalement au pouls des femmes. Lorsque j'essaie d'appliquer aux patients de sexe masculin les traitements adaptés aux hommes, je n'obtiens aucun résultat. Le monde est vraiment entré en dégénérescence ; les hommes perdent leur virilité et deviennent semblables aux femmes. C'est là une vérité incontestable que m'a enseignée l'expérience directe. J'ai décidé de la garder secrète. » Lorsque avec cette histoire en mémoire je promène mon regard autour de moi, il m'arrive souvent de me dire : « Tiens, voici un bel exemple de pouls de femme ! » Je ne vois pour ainsi dire jamais ce que j'appellerais un homme véritable... (Livre I.)

Les aristocrates de la note de frais

L'aristocrate de la note de frais, ce personnage en pleine ascension grâce, pour une part au moins, au système fiscal actuel, n'est pas non plus un inconnu dans l'histoire japonaise. Du temps de Jōchō déjà, se faisait remarquer le samouraï à notes de frais, qui avait bien du mal à distinguer entre son propre argent et celui de son seigneur. À l'intérieur de ce qui n'était pas une firme mais la maison d'un daimyo, le jeune samouraï tendait à perdre de vue son idéal de participation à une communauté soudée par des buts communs pour ne plus se préoccuper que de ses propres intérêts. Dans les yeux du jeune homme, la flamme de l'idéal n'était plus qu'une vague lueur et son esprit ne s'attachait plus qu'à des trivialités. De plus en plus nombreux étaient ces jeunes samouraïs au « regard furtif de pickpocket » et n'ayant en tête que leur intérêt personnel.

Lorsque je considère les jeunes samouraïs qui servent de nos jours, j'ai le sentiment que leurs préoccupations volent lamentablement bas. Ils ont le regard furtif du pickpocket. La plupart ne visent qu'à pousser leurs intérêts ou à faire montre de leur adresse et même lorsqu'ils ont l'air de jouir de la paix du cœur, ce n'est encore qu'affectation. Une telle attitude ne conviendra jamais. Seul le samouraï dont l'idéal n'est rien de moins que de faire à son seigneur le sacrifice de sa vie, de mourir dans l'instant pour se transformer en esprit, qui a pour sujet d'inquiétude constante la fortune de son daimyo et en réfère à celui-ci chaque fois qu'il a réglé un problème, car son unique souci est de renforcer les assises de son pouvoir, seul celui-là mérite vraiment le nom de samouraï au service de son seigneur. (Livre I.)

Idoles du base-ball et vedettes du petit écran

Tout en blâmant longuement les gens qui se distinguent dans telle technique ou dans tel art particuliers, Jôchô décrit la façon dont apparaît à son époque une propension nouvelle à idolâtrer précisément ces gens-là.

Aujourd'hui, on transforme en monstres sacrés les joueurs de base-ball et les vedettes de télévision. Celui dont le métier est de fasciner le public tend à perdre sa personnalité d'être humain total pour n'être plus qu'une sorte d'habile marionnette. Cette tendance traduit les

valeurs de l'époque. Et sur ce plan, il n'y a nulle différence entre un comédien et un technicien.

Notre époque est celle de la technocratie, elle est
menée par des techniciens ; on pourrait dire aussi que
c'est celle des arts d'exécution. Quiconque excelle dans
un art obtiendra grâce à cet art les applaudissements
enthousiastes du public. Mais en même temps, il ra-
baisse ses aspirations jusqu'à ne plus se préoccuper que
de briller et de faire l'important. Il perd de vue la réali-
sation complète de son être ; se réduire à un simple
rouage, à une fonction unique, telle devient sa plus
haute ambition. Face à un tel phénomène, quel réconfort que le dédain manifesté par Jōchō à l'égard des
techniciens et des artistes :

> Seuls les samouraïs des autres seigneuries peuvent croire
> que la maîtrise d'un art ou d'une technique les aidera à
> gagner leur vie. Pour les samouraïs de cette maison, cela ne
> peut les conduire qu'à la déchéance. Quiconque est expert
> dans un art particulier est un technicien, non un samouraï.
> (Livre I.)

*L'atmosphère de compromis de notre époque qui ne permet ni de
vivre dans la beauté ni de mourir dans l'horreur*

« Si ton nom, que tu meures ou que tu vives, ne signifie rien pour le monde, alors il vaut mieux vivre. » (Livre
I.) C'était là un état d'esprit qui existait à l'époque du
Hagakuré, bien sûr. L'instinct de survie, lorsque nous
avons à choisir entre la vie et la mort, nous contraint
normalement à décider de vivre. Reconnaissons, cependant, que pour l'être humain qui s'efforce de vivre et de
mourir en beauté, un attachement trop fort à la vie risque de ternir le résultat de ses efforts. Il est difficile de
vivre et de mourir en beauté, mais il est tout aussi diffi-

cile tant de vivre que de mourir de façon profondément horrible. C'est là l'humaine condition.

L'atmosphère de compromission de ce temps tient au fait que celui qui s'efforce de vivre et de mourir en beauté se voue en fait à une mort ignominieuse tandis que celui qui n'aspire qu'à une vie et à une mort répugnantes coule des jours heureux. Le *Hagakuré* tranche d'une façon réjouissante cette question de la vie et de la mort. Une fois de plus, nous retrouvons la phrase la plus célèbre du *Hagakuré* : « Je découvris que la Voie du samouraï, c'est la mort. » Et Jōchō poursuit. « Tenu de choisir entre la mort et la vie, choisis sans hésiter la mort. Rien n'est plus simple. Rassemble ton courage et agis. » (Livre I.)

L'amour idéal ne se déclare pas

Le *Hagakuré* traite également du sentiment amoureux ; on peut même dire avec Bunsō Hashikawa[1] que c'est sans doute le seul ouvrage de toute la littérature japonaise classique à élaborer une théorie systématique du sentiment amoureux. L'idéal présenté dans le *Hagakuré* tient en deux mots : « l'amour secret ». Le *Hagakuré* affirme sans ambages que l'amour, sitôt qu'on en a fait l'aveu, s'amenuise ; le véritable amour, le plus élevé et le plus noble, est celui dont on emporte avec soi le secret jusque dans la tombe.

L'art d'aimer tel qu'on le pratique en Amérique consiste à se déclarer, faire valoir ses droits et saisir la proie. Jamais on ne laisse l'énergie engendrée par l'amour s'accumuler à l'intérieur ; on la diffuse constam-

---

1. Bunsō Hashikawa (né en 1922). Critique et spécialiste du mouvement des idées dans le Japon moderne.

ment au dehors. Mais, paradoxalement, le voltage du courant amoureux tombe dans l'instant même où il se transmet. La jeunesse actuelle voit s'offrir à elle un champ d'expériences amoureuses et sexuelles plus riche que n'auraient oser le rêver les générations antérieures. Mais dans le même temps se dissimule dans le cœur des jeunes d'aujourd'hui la mort de ce que nous appelons le sentiment amoureux. Que ce sentiment, à peine apparu au fond du cœur, trouve à s'exprimer directement et parcoure encore et encore le même chemin qui le mène au but et le fait disparaître dans l'instant, alors ne sont pas loin l'incapacité d'aimer et la mort de toute passion (phénomène propre à l'époque moderne). Pour être juste, on peut voir là la principale contradiction qui tourmente la jeunesse d'aujourd'hui à propos du sentiment amoureux.

Jusqu'à la guerre, la jeunesse savait distinguer nettement entre le sentiment amoureux et le désir sexuel et elle préservait la coexistence de l'un et de l'autre. Lorsqu'un jeune homme entrait à l'université, ses aînés l'emmenaient chez les prostituées et lui apprenaient à satisfaire son désir, mais il n'aurait jamais osé toucher la femme qu'il aimait vraiment.

Dans le Japon d'avant la guerre, l'amour, bien que fondé sur ce sacrifice qu'est la prostitution, restait donc dans la vieille tradition « puritaine ». Dès lors qu'on admet l'existence de l'amour sentimental, on doit se résoudre à ce que les hommes puissent trouver en un lieu séparé l'objet sacrificiel qui leur permettra d'assouvir leurs appétits charnels. Sans cet exutoire, l'amour véritable ne peut exister. Telle est la physiologie tragique de l'être humain mâle.

Le sentiment amoureux selon Jōchō n'est pas une stratégie visant à la préservation de cette solution pragmatique et souple et impliquant une semi-modernisation et une séparation des rôles. L'amour, selon lui, se renforce toujours de la mort. On doit mourir d'amour et la mort purifie et intensifie l'amour. Tel est l'idéal du *Haga-kuré.*

Le Hagakuré, *remède puissant aux souffrances de l'âme*

J'en ai dit assez jusqu'ici pour qu'on comprenne que le *Hagakuré* s'efforce de soigner le caractère pacifique de la société moderne en lui appliquant ce puissant remède qu'est la mort. Ce remède, durant les cent années de guerre qui avaient précédé la période Tokugawa, on ne l'avait que trop libéralement appliqué à la vie quoti-dienne du peuple, mais avec l'avènement de la paix, cette médecine particulièrement radicale fit peur et on l'évita. Ce que Jōchō Yamamoto a découvert, c'est qu'elle offre un apaisement aux souffrances de l'esprit humain. L'auteur, en sa compréhension féconde de la vie, sait que l'homme ne vit pas de par sa seule vie. Il connaît exactement le paradoxe de la liberté humaine. Il sait que l'homme se lasse de la liberté dans l'instant même où elle lui est donnée et qu'à l'instant où il reçoit la vie, il cesse de pouvoir la supporter.

À notre époque, tout repose sur la prémisse qu'il vaut mieux vivre aussi longtemps que possible. Jamais dans l'histoire, l'espérance de vie n'a été aussi longue et devant nous se déroule la monotonie des perspectives que l'on offre à l'humanité. L'idéologie du foyer indivi-duel n'enthousiasme le jeune qu'aussi longtemps qu'il se démène pour se trouver un petit nid à soi. Sitôt trouvé, l'avenir ne lui propose plus rien — sinon de faire clique-ter son boulier à mesure qu'il amasse l'argent de sa retraite, puis la paix, l'ennui et la décrépitude de la vieil-lesse. Telle est l'image qui accompagne dans l'ombre l'État-providence et qui menace le cœur de l'espèce

humaine. Dans les pays scandinaves, le besoin de travailler a dès à présent disparu et assurer la subsistance de
ses vieux jours n'est plus un sujet d'inquiétude ; accablés
d'ennui et d'amertume à ne s'entendre demander par la
société rien d'autre que de « se reposer », un nombre
extraordinaire de vieillards se suicident. Et en Angleterre, devenue après la guerre le modèle idéal en matière d'assistance, le désir de travailler s'est perdu et s'en
sont suivis le déclin et la décrépitude de l'industrie.

Réprimée, la pulsion de mort devra exploser un jour

Discutant de l'orientation que devrait prendre la société moderne, certains proposent l'idéal du socialisme
et d'autres, celui de l'État-providence, mais il s'agit en
fait d'une seule et même chose. La liberté mène à l'accablement et à l'ennui de l'État-providence ; l'État socia-
liste mène, lui, inutile de le répéter, à la suppression de
la liberté. L'homme nourrit, dans une partie de son
cœur, de grandioses visions sociales, mais comme il
s'avance pas à pas, sitôt que l'idéal semble à sa portée, il
s'en désintéresse. Chacun de nous recèle au fond de son
subconscient des pulsions profondes et aveugles. Elles
sont l'expression dynamique des contradictions qui remplissent, de moment en moment, l'existence de chacun
et elles n'ont profondément rien à voir avec des idéaux
de société. C'est dans la jeunesse qu'elles se manifestent
sous leur forme la plus entière et la plus abrupte. En
outre, ces pulsions aveugles apparaissent dramatique-
ment opposées et même en conflit les unes avec les
autres. Dans la jeunesse agissent avec une force égale les
pulsions qui portent à la résistance et à la capitulation.
On pourrait les redéfinir comme la pulsion de liberté et
la pulsion de mort. La manifestation de ces pulsions,
quelle que soit la forme politique qu'elle revête, est com-

parable au courant qui résulte de la différence entre deux charges électriques — autrement dit, elle est le produit des contradictions fondamentales de l'existence.

Pendant la guerre, la pulsion de mort était pleinement libérée, tandis que la pulsion de résistance, de liberté et de vie était, elle, totalement réprimée. Dans l'après-guerre, cette situation s'est exactement renversée ; alors que la pulsion de résistance, de liberté, de vie s'accomplit pleinement, la pulsion qui porte à la capitulation et à la mort ne se réalise plus du tout. M'entretenant il y a une dizaine d'années avec un politicien conservateur, je dis que le gouvernement japonais d'après la guerre, en apportant la prospérité économique, avait peut-être réussi à satisfaire au moins l'instinct de vie de la jeunesse moderne, mais je ne pus aborder la question de l'instinct de mort. Une autre fois, cependant, j'ai eu l'occasion d'expliquer la menace constante qui pèse sur nous du fait que l'instinct de mort réprimé de la jeunesse moderne risque d'exploser un jour.

Je suis convaincu que la bataille politique engagée autour du renouvellement du Traité de Sécurité avec l'Amérique est l'exemple même d'une différence extrême entre des charges électriques. La lutte contre le Traité de Sécurité était politiquement complexe et les jeunes gens qui y ont participé ne cherchaient rien d'autre qu'une cause pour laquelle ils seraient prêts à sacrifier leur vie. Ils n'étaient pas nécessairement déterminés par une idéologie et ils ne fondaient pas leur conduite sur une lecture personnelle du texte du Traité. Ils s'efforçaient de satisfaire à la fois leur pulsion de résistance et leur pulsion de mort.

Mais la frustration qui suivit l'échec des manifestations contre le Traité de Sécurité fut encore pire. Ceux qui y avaient participé furent conduits à la conclusion que le mouvement politique auquel ils s'étaient donnés n'était qu'une sorte de fiction, que la mort ne saurait transcender la réalité, que les actes politiques ne procurent aucune satisfaction, que toute l'énergie dépensée l'avait été en vain. Une nouvelle fois s'abattit sur la jeunesse du Japon moderne cette sentence atterrante : « La cause à laquelle vous avez donné votre vie n'en valait pas la peine. »

Comme le fait remarquer Toynbee, la raison pour laquelle le christianisme parvint à rassembler si soudainement tant d'adeptes zélés, c'est que ces hommes et ces femmes cherchaient avidement un but qui valût le sacrifice de leur vie. La Pax Romana assurait à tous les territoires placés sous la domination de Rome, c'est-à-dire la totalité de l'Europe et une partie de l'Asie, les bienfaits d'une paix sans fin. Seuls les soldats des frontières étaient en mesure d'échapper à l'ennui et à l'accablement que dégage toute ère de paix. Les soldats des frontières avaient trouvé un but pour lequel il valait la peine de mourir.

Les temps ont changé

Le *Hagakuré* est fondé sur les principes du samouraï. Le métier du samouraï, c'est la mort. Quelque pacifique que soit l'époque, la mort est la motivation suprême du samouraï et celui qui craindrait ou qui esquiverait la mort cesserait à l'instant même d'être un samouraï. C'est pourquoi Jōchō Yamamoto insiste si fort sur la mort en tant que motivation fondamentale de l'action. Or, dans le Japon actuel régi par une Constitution qui met la guerre hors la loi, l'existence d'hommes qui considéreraient la mort comme leur métier est impossible par principe, et cela vaut même pour les Forces nationales d'Autodéfense. L'axiome de l'ère démocratique est qu'il vaut mieux vivre le plus longtemps possible.

Aussi, lorsque l'on veut apprécier l'importance de l'empreinte laissée par le *Hagakuré*, importe-t-il de savoir si les lecteurs étaient ou non des samouraïs. Celui qui sait lire le *Hagakuré* en s'élevant au-dessus des différences axiomatiques fondamentales qui séparent l'époque de Jōchō de la nôtre, celui-là y trouvera une étonnante pénétration de la nature humaine, une sagesse encore applicable aujourd'hui aux relations entre les hommes. De ces pages si stimulantes, vigoureuses et passionnées mais aussi si aiguës, pénétrantes, paradoxales, on peut faire une lecture légère et rapide qui vous rafraîchit le corps comme une pluie printanière, mais à la fin on ne pourra éviter de prendre en considération la différence d'axiome qui nous en sépare.

Le lecteur, surmontant momentanément cette différence, vibre à l'unisson du livre jusqu'au moment où, arrivé à la conclusion, il devra une fois de plus renoncer à résoudre cette opposition. Là réside l'intérêt du *Hagakuré*.

La signification du Hagakuré *pour notre époque*

Mais en quoi consiste précisément cette différence ? Il ne s'agit ici ni de profession, ni de classe sociale, ni du sort fait par telle ou telle époque à l'individu ; nous sommes ramenés au problème fondamental de la vie et de la mort, problème que nous aussi aujourd'hui avons à affronter. La société moderne oublie constamment la signification de la mort. Non, elle ne l'oublie pas, elle l'évite. Rainer Maria Rilke a dit que la mort de l'homme s'était rapetissée. Un homme qui meurt n'est guère plus aujourd'hui qu'un individu s'éteignant sur un dur lit d'hôpital, un objet à évacuer le plus vite possible. Et tout autour de nous bat son plein la « guerre de la circulation », dont on affirme qu'elle a fait plus de victimes que la guerre sino-japonaise, et la vie humaine est aussi fragile que jamais. Seulement, nous n'aimons pas parler de la mort. Il ne nous plaît pas d'extraire de la mort ses éléments bénéfiques pour essayer de les mettre à notre service. Nous tâchons de garder nos yeux rivés sur le repère lumineux, le repère tourné vers l'avenir, celui de la vie. Et nous faisons de notre mieux pour ne pas évoquer cette puissance qui fait que la mort ronge peu à peu notre vie. Une telle attitude est imputable à notre humanisme rationaliste, dont la fonction est de maintenir constamment le regard de l'homme moderne tourné vers les lumières de la liberté et du progrès, car, du même coup, il chasse le problème de la mort du niveau de la conscience, l'enfonce de plus en plus profond dans le subconscient et, par cette répression, transforme la pulsion de mort en une pulsion toujours plus dangereuse, plus explosive et concentrée, une pulsion dirigée vers l'intérieur de l'être. Nous méconnaissons le fait que d'amener la mort au niveau conscient est un important facteur de santé mentale.

Mais la mort seule est inchangée et continue à régler notre existence, aujourd'hui comme au temps du *Hagakuré*. En ce sens, la mort dont parle Jōchō n'est en rien extraordinaire. Le *Hagakuré* affirme que de méditer quotidiennement sur la mort, c'est se concentrer quotidiennement sur la vie. Si l'on fait son travail avec la pensée que l'on peut fort bien mourir aujourd'hui même, on n'échappera pas à l'impression que ce travail rayonne de vie et de signification.

Aujourd'hui, après que vingt années de paix se sont écoulées depuis la fin de la Seconde Guerre mondiale, je crois que le *Hagakuré* nous offre une chance de réévaluer nos conceptions de la vie et de la mort.

Les quarante-huit principes de vie
du Hagakuré

LE *HAGAKURÉ* ET SON AUTEUR, JŌCHŌ YAMAMOTO

> *La vie humaine ne dure qu'un instant. Passons-le donc à faire ce qui nous plaît. En ce monde fugace comme un songe, c'est folie que de vivre misérablement adonné aux seules choses qui nous rebutent.* (Livre II.)

L'origine du titre Hagakuré

Originellement, le titre du livre que nous appelons le *Hagakuré* était <u>Recueil des paroles du Maître Hagakuré</u>. Le *Hagakuré* est donc une formule abrégée. Le titre en question était celui qui figurait sur l'édition originale de la version élaborée par le transcripteur et éditeur, Tsuramoto Tashiro. Depuis lors, les conjectures n'ont pas manqué quant à la signification du mot *Hagakuré*[1]. Mais aucune ne paraît vraiment concluante.

Une hypothèse parmi d'autres suggère que ce mot fut choisi pour évoquer l'atmosphère d'un poème du prêtre Saigyō (moine-poète de la fin de la période Heian et du début de la période Kamakura)[2], qui figurait dans le

---

1. *Hagakuré* signifie littéralement « caché dans la feuillée ».
2. Saigyō (1118-1190). Religieux itinérant et poète dont le thème de prédilection est la fugitivité de la vie et de la beauté, symbolisée par la fleur de cerisier.

Sanka wakashu[1]. Voici ce poème, intitulé « À une amante, quand peu de fleurs restent aux arbres » :

> Immobile caché parmi les feuilles,
> Dans les seules rares fleurs qui restent aux arbres,
> Me semble-t-il sentir
> La présence de celle
> Pour qui je languis en secret.

✳ Une seconde théorie affirme que le titre exprime l'idée-maîtresse du livre, l'esprit de sacrifice du samouraï qui accomplit son service discrètement, dans l'ombre, et rappelle qu'il a été recueilli et transcrit dans la cabane de Jōchō, solitaire et « cachée parmi les feuilles ».

✳ Une troisième théorie soutient qu'il devait exister près de la cabane de Jōchō un arbre à kaki qui donnait des fruits en telle abondance qu'on l'appelait « Cache-feuilles », nom qui aurait servi au titre de l'ouvrage.

✳ Voici encore une quatrième théorie. Sur les terres du château de Saga, château du daimyo de Nabeshima pendant la période Tokugawa, les arbres poussaient si serrés qu'on avait surnommé l'édifice le « Château caché dans le feuillage », et, par extension, les samouraïs de ce domaine, les « samouraïs cachés dans le feuillage ». Certains voient là l'origine du titre *Hagakuré* ; mais bien que le château de Saga soit entouré de grands arbres luxuriants qui bordent son fossé si bien que le bâtiment semble enveloppé de vert, les habitants de Saga affirment n'avoir jamais entendu donner au château le nom de « Caché dans le feuillage ». Il semble donc bien qu'il n'y ait là que spéculation.

---

1. *Sanka wakashū*. Ensemble des poèmes provenant de la collection personnelle de Saigyō.

Les circonstances de la composition du Hagakuré

Le Recueil des propos du Maître Hagakuré est la transcription de discussions orales. La treizième année de Genroku (1700), un samouraï de la seigneurie de Saga[1] nommé Jōchō Yamamoto, se retira du monde à la mort de son seigneur lige, Mitsushige Nabeshima (second daimyo de Saga), et après s'être construit une hutte d'herbe, commença une existence d'ermite au lieu dit Kurotsuchiparu, à l'écart de toute société humaine. Dix ans plus tard, au printemps de la septième année de Hōei (1710), un jeune samouraï de Saga nommé Tsuramoto Tashiro rendit visite à Jōchō dans sa cabane et coucha sur le papier les propos que lui tint Jōchō. Tashiro passa ensuite sept ans à réunir et à classer en sept volumes ce que nous connaissons aujourd'hui comme le *Recueil des propos du Maître Hagakuré*. Jōchō lui intima l'ordre de jeter ses notes au feu mais Tashiro lui désobéit et conserva en secret ce qu'il avait écrit, qui ne tarda pas à être recopié et à circuler parmi les samouraïs de Saga. Ceux-ci en faisaient grand cas et désignaient ces textes sous le nom d'« Analectes de Nabeshima ».

Le *Hagakuré* n'est pas un recueil de réflexions décousues. C'est une compilation dans laquelle on a apporté grand soin tant à la mise en ordre des matières qu'à la présentation. L'ordre suivi est en gros celui-ci :

Le volume I (*Recueil des propos du Maître Hagakuré*, première partie) et le volume II (*Recueil des propos du Maître Hagakuré*, deuxième partie) contiennent les enseignements de Jōchō lui-même. Les volumes III, IV et V rapportent les hauts faits et les propos mémorables respectivement de Naoshige Nabeshima (fondateur de sa maison), Katsushige (premier daimyo de Saga, Mitsushige et

---

1. Saga Han. Fief héréditaire de daimyo (*han*) situé dans la région nordouest de Kyusiu et dépendant aujourd'hui de la préfecture de Saga.

Tsunashige (troisième daimyo de Saga). Les volumes VI
à IX traitent de la seigneurie de Saga et des faits et gestes
de ses samouraïs. Le volume X relate les exploits de
samouraïs d'autres seigneuries et le volume XI est un
supplément aux dix autres.

Le cœur de l'ouvrage est le recueil des enseignements
de Jōchō contenu dans les deux premiers volumes, car
c'est là que sa philosophie apparaît avec toute sa force.
Mais l'ordre dans lequel sont rapportés les entretiens
n'est pas nécessairement chronologique. Le premier volume du *Hagakuré* s'ouvre sur la phrase : « La septième
année de Hōei (1710), le cinquième jour du troisième
mois, je fis pour la première fois une visite respectueuse... » Allusion à ce jour mémorable où Tsuramoto
Matazaemon Tashiro se rendit pour la première fois à la
cabane de Jōchō pour écouter ses leçons.

Jōchō avait été au service de Mitsushige, second seigneur de la maison Nabeshima et seigneur héréditaire
du domaine de Saga, depuis sa petite enfance jusqu'à sa
quarante-deuxième année. Depuis des générations, ses
ancêtres avaient toujours servi vaillamment les Nabeshima et Jōchō lui-même était en grande faveur auprès
du daimyo. Il eût été naturel qu'à l'âge de cinquante ans
il fût nommé parmi les Anciens de la seigneurie, personnages influents sur son administration, mais, alors qu'il
avait quarante-deux ans, le daimyo mourut et ses ambi-
tions ne se réalisèrent jamais. Jōchō avait décidé de se
suicider par loyauté envers son défunt maître. Mais Mitsushige Nabeshima, en avance sur son temps, avait stric-
tement interdit ce genre de suicide sur ses terres et
publia un édit aux termes duquel quiconque se suicide-
rait à l'occasion de sa mort ruinerait l'honneur de sa
famille. Cette époque plaçait la famille au-dessus des
individus, si bien que Jōchō fut dans l'impossibilité de se
tuer et décida de se retirer du siècle. Il vécut dans la
solitude pendant vingt années, jusqu'à sa mort survenue

le dixième jour du dixième mois de la quatrième année de Kyōhō (1719), à l'âge de soixante et un ans. Le *Recueil des propos du Maître Hagakuré* aurait été commencé alors que Jōchō était dans sa cinquante-deuxième année et aurait été achevé sept ans plus tard, le dixième jour du neuvième mois de la première année de Kyōhō (1716). Cet ouvrage a ceci de commun avec les *Conversations* de Goethe avec Eckermann que la sensibilité aiguë de l'auditeur et l'ingéniosité du transcripteur y sont très remarquables.

Jōchō et son transcripteur, Tsuramoto Tashiro

Tsuramoto Matazaemon Tashiro, qui avait un emploi officiel de scribe, était un robuste jeune homme de trente-deux ou trente-trois ans, soit de vingt ans le cadet de Jōchō. Les périodes Genroku et Hōei furent, nous l'avons vu, une ère de renaissance qu'illustrèrent les tragédies de Chikamatsu, les haiku du poète Basho, les récits de Saikaku[1]. Quelque quatre-vingts années les séparaient des périodes plus austères de Keichō et de Genna. Pendant cet intervalle, on continua à produire des ouvrages sérieux sur le confucianisme, l'art militaire et la condition de samouraï. Mais ensuite, non seulement la bourgeoisie marchande mais même les samou-

---

1. Bashō Matsuo (1644-1694). Surtout célèbre pour ses haiku et ses journaux de voyage, Bashō est généralement considéré comme le plus grand poète japonais.

Monzaemon Chikamatsu (1653-1725). L'auteur dramatique le plus remarquable de son époque. Écrivit pour le théâtre kabuki et pour le théâtre de marionnettes (*bunraku*) des drames historiques et des drames de mœurs relatant des amours illicites et dont les protagonistes pris entre le devoir et la passion finissent le plus souvent par se donner la mort ensemble.

Saikaku Ihara (1642-1693). Célèbre pour ses romans dans lesquels il met en scène la population d'Osaka, ses riches marchands et ses quartiers réservés.

raïs se laissèrent aller aux jouissances esthétiques de la poésie, de la musique et de la danse. Les traités de morale samouraï, les opuscules confucéens et même les études d'art militaire tendirent à dégénérer en arguties moralisantes et oiseuses. L'auteur du *Hagakuré*, Jōchō Jin'emon Yamamoto naquit rue Yokokōji dans le bourg de Katatae sis sur le domaine de Saga le onzième jour du sixième mois de la seconde année Manji (1659) et mourut, comme je l'ai indiqué plus haut, à l'âge de soixante et un ans, le dixième jour du dixième mois de la quatrième année de Kyōhō (1719). Il était le plus jeune des cinq enfants, deux garçons et trois filles, de Shigezumi Jin'emon Yamamoto. Son père, Jin'emon, était le frère cadet de Kiyoaki Jin'emon Nakano et fut adopté par la famille de Muneharu Sukebei Yamamoto. C'est sur ordre du daimyo qu'il reçut le nom de Jin'emon. Kiyoaki Nakano, l'aîné, Shigezumi Yamamoto et Jōchō en vinrent à être désignés comme « les trois générations de Nakano ».

Jōchō avait onze ans lorsqu'il perdit son père ; il fut placé sous la tutelle de son cousin, Tsuneharu Gorozaemon Yamamoto, de vingt ans son aîné, qui assura son instruction générale. Tout en étudiant le confucianisme et le bouddhisme sous la férule de Ittei Ishida et du maître zen Tannen, il fut attaché dès son jeune âge au service personnel du daimyo de sorte qu'il ne put se consacrer complètement aux études. Il subit ensuite très fortement l'empreinte du maître zen Ryōi et l'on peut penser que lorsqu'il se retira du monde, il fut initié aux secrets du zen grâce à sa profonde pénétration des enseignements de Ryōi.

Jōchō avait également les connaissances qui étaient d'usage alors en matière d'arts martiaux et, à l'âge de vingt-quatre ans, il remplit la fonction de second (celui qui procède à la décapitation) lors du suicide rituel de son cousin. Il s'entendait également à l'art de composer des poèmes haiku et waka, et lorsqu'il se rendit à Kyoto sur l'ordre du daimyo Mitsushige, il y reçut des mains de Sanenori Nishisanjō[1], dont il avait souvent eu l'occasion de recevoir personnellement les leçons, le diplôme des Secrets du Waka Ancien et Nouveau[2] (*Waka kokindenju*).

Dans sa retraite Jōchō prit le nom de Jōchō Kyokuzan (Eternel Matin, Montagne du Soleil Levant), dénomma sa cabane Chōyōken (les Corniches du Soleil matinal) et vécut là à l'écart en compagnie de Ryōi. Par la suite, il changea le nom de sa cabane en celui de Sōjuan (Cabane de la Longue Vie Religieuse). Au mois d'août de la troisième année de Shōtoku (1713), la veuve de Mitsushige, Reijuin, fut enterrée à Kurotsuchiparu où habitait Jōchō ; par déférence, celui-ci s'en alla vivre non loin de là, à Ōkoguma, dans le village de Kasuga.

Jōchō écrivit un livre intitulé *Recueil de mes humbles opinions* (Gukenshu) alors qu'il avait cinquante ans (soit en 1708) et destiné à l'instruction de son fils adoptif, Gonnojo. Jōchō eut deux filles. La première mourut jeune ; la seconde épousa un homme que sa famille adopta, mais Jōchō survécut à sa fille comme à son gendre.

Les trois philosophies du Hagakuré

Une philosophie de l'action

Considéré sous l'angle philosophique, le *Hagakuré* m'apparaît présenter trois caractéristiques. C'est, premièrement, une philosophie de l'action ; secondement,

1. Sanenori Nishisanjō. L'un des maîtres de la poésie classique. La famille Nishisanjō compta pendant plusieurs générations de nombreux lettrés de renom.

2. *Waka kokin denju.* La transmission de maître à disciple de secrets relatifs à la « vraie » signification de certains mots figurant dans le *Kokinshū*, anthologie impériale de la poésie de cour remontant au début du dixième siècle. Recevoir le Waka kokin denju était un grand honneur.

une philosophie de l'amour ; et troisièmement, une philosophie de la vie.

Philosophie de l'action, le *Hagakuré* pose pour valeur
essentielle la subjectivité ; il considère l'action comme la
fonction de la subjectivité et la mort comme la conclusion
de l'action. La philosophie du *Hagakuré* fait de l'action le
moyen le plus efficace d'échapper aux limites du moi pour
se plonger dans une unité plus vaste. On est à l'opposé des
philosophies machiavéliennes aux termes desquelles
quelqu'un combine arbitrairement du dehors l'élément *a* et
l'élément *b* ou bien manipule le pouvoir *a* et le pouvoir *b*.
La philosophie de Jōchō est exclusivement subjective ; elle
n'est en rien une philosophie objective. C'est une philosophie de l'action et non du gouvernement.

Du fait que, pendant la guerre, le *Hagakuré* fut utilisé
pour l'endoctrinement politique, certains continuent à
interpréter cet ouvrage en termes politiques, alors qu'il
n'a aucun contenu de ce genre. La question se pose en
des termes certes différents si l'on considère l'éthique
samouraï comme une conception politique, mais à mes
yeux, le propos essentiel du *Hagakuré* est de dégager un
certain nombre de traits permanents de la condition
humaine qui puissent servir de repères pour établir des
principes de vie. Ce sont là des enseignements que leur
universalité rend applicables à toute époque, quels que
soient les changements intervenus, et qui sont également
pleins d'un savoir pratique accumulé grâce à une expérience vécue.

2 *Une philosophie de l'amour*

Le *Hagakuré* est, en second lieu, une philosophie de
l'amour. Les Japonais ont une tradition particulière en
ce qui concerne le sentiment amoureux et ils ont élaboré
leur propre conception du romanesque (*ren'ai*). Le Japon
ancien connaissait une sorte de passion à connotations
sexuelles (*koi*) mais sans amour (*ai*). En Occident, depuis

l'Antiquité grecque, une distinction s'est opérée entre éros (l'amour) et agapè (l'amour de Dieu pour les hommes). Au début, éros signifiait surtout le désir charnel, mais, transcendant peu à peu son contenu, il s'éleva jusqu'au royaume de l'*idée* (le concept le plus élevé que puisse atteindre la raison) et atteignit sa forme parfaite dans la philosophie de Platon. L'agapè est un amour spirituel complètement affranchi du désir charnel ; et c'est cet agapè qui devint plus tard l'amour chrétien.

Aussi, l'idéal européen de l'amour traita-t-il toujours agapè et éros comme des concepts opposés. Le culte de la femme, dans la chevalerie médiévale, avait pour base le culte de la Vierge Marie (éros), mais il est également vrai que l'idéal le plus élevé de la chevalerie était l'amour en tant qu'agapè totalement séparé de l'éros.

De même, on peut penser que, à leur naissance, les idéaux du patriotisme européen moderne découlèrent de l'agapè. Mais au Japon, il n'est guère exagéré de dire qu'il n'existe rien qui ressemble à l'amour de la patrie. Rien non plus qui puisse s'appeler amour pour une femme. La mentalité japonaise élémentaire confond éros et agapè. L'amour pour une femme ou pour un jeune homme, s'il est pur et chaste, ne diffère en rien de la loyauté et du dévouement dus au seigneur. Cette conception de l'amour qui ne distingue pas entre éros et agapè s'est traduite dans l'expression : « tomber amoureux de la famille impériale » et a servi de fondement affectif au culte impérial.

Le système impérial d'avant la guerre s'est effondré, mais la conception de l'amour qui est inscrite dans la mentalité du peuple japonais ne s'est pas nécessairement effondrée du même coup. Cette conception repose sur la ferme conviction que ce qui émane de la pure sincérité instinctive mène directement à un idéal qui mérite qu'on lutte et, si nécessaire, qu'on meure pour lui. C'est là que s'enracine la philosophie de l'amour exposée par Jōchō.

Prenant l'exemple de l'amour d'un homme pour un autre homme, qui était à l'époque considéré comme une passion plus élevée et plus spirituelle que l'amour pour une femme, il soutient que l'amour humain trouve son expression la plus intense et la plus authentique dans la loyauté et le dévouement envers le seigneur.

3) *Une philosophie de la vie*

En troisième lieu, le *Hagakuré* est une philosophie de la vie. Ce n'est pas un système logique cohérent et rigoureusement structuré. Les seuls volumes I et II, qui sont consacrés aux enseignements de Jōchō, abondent en incohérences et en contradictions et on a souvent l'impression qu'une proposition est réfutée par celle qui la suit. La phrase la plus fameuse du *Hagakuré*, « Je découvris que la Voie du samouraï, c'est la mort », est immédiatement suivie d'une affirmation qui semble à première vue la contredire alors qu'elle vise à la renforcer : « La vie humaine ne dure qu'un instant. Passons-le donc à faire ce qui nous plaît. En ce monde fugace comme un songe, c'est folie que de vivre misérablement, adonné aux seules choses qui nous rebutent. C'est là un secret de métier qui risque de s'avérer nuisible si on l'interprète mal et que j'ai donc décidé de ne pas transmettre aux jeunes gens. » (Livre II.) En somme, « Je découvris que la Voie du samouraï, c'est la mort » constitue le premier temps du raisonnement et le principe selon lequel « la vie humaine ne dure qu'un instant. Passons-le donc à faire ce qui nous plaît » est le second temps, qui se situe à la fois sous la surface du premier et au-delà. Le *Hagakuré* apparaît ici manifestement comme une philosophie qui tient la vie et la mort pour les deux faces d'une même réalité.

Quand se pose la question de vivre ou de mourir, Jōchō conseille d'opter sans hésiter pour la mort, mais il affirme également qu'on doit constamment se demander ce que les choses seront devenues à quinze ans de là.

À réfléchir ainsi sur l'avenir, on doit être capable de devenir un bon samouraï lorsque les quinze années seront écoulées — et quinze années passent plus promptement qu'un songe. Voilà encore une affirmation qui semble à première vue contradictoire, mais c'est qu'en réalité, Jōchō se soucie peu du temps. Le temps change l'être humain, le fait dégénérer, le rend incohérent et opportuniste, à moins, mais c'est bien rare, qu'il ne l'améliore. Si, cependant, on part de l'idée que l'humanité est toujours confrontée à la mort et qu'il n'est de vérité que d'instant en instant, alors l'écoulement du temps ne mérite pas le respect que nous lui vouons. Et si le temps est dépourvu de signification et que ces quinze années qui durent moins qu'un songe, on les passe à se dire que chaque jour peut être le dernier, quelque chose va s'accumuler d'un jour à l'autre, d'un instant à l'autre, quelque chose grâce à quoi on acquerra finalement la capacité de bien servir son seigneur. Tel est le principe fondamental de la philosophie de l'existence qu'enseigne le *Hagakuré*.

Je vais à présent examiner un à un les principes de vie de cette philosophie en suivant l'ordre où le *Hagakuré* les expose et en présentant à mesure mes propres interprétations.

1. L'éloge de l'énergie

Voici ce que dit Jōchō dans la préface au *Hagakuré*, intitulée « Paisibles entretiens dans l'ombre de la nuit » :

> Je n'ai jamais aspiré à l'état de Bouddha. Même si je devais mourir et renaître sept fois, je n'attendrais ni ne désirerais rien de plus que d'être un samouraï Nabeshima et de me donner entièrement au *Han*. En un mot, seule est nécessaire au samouraï Nabeshima la volonté énergique de se considérer comme entièrement responsable de la maison régnante de son *Han*. Nous sommes tous des êtres humains. Pourquoi tel homme serait-il inférieur à tel autre ? Le talent et l'apprentissage sont inutiles à qui n'a pas une

inébranlable confiance en soi. Et l'apprentissage équivaut à
rien si on ne le fait pas servir à la paix et à la prospérité de
la maison régnante.

Tout en faisant un éloge véhément de la vertu de
modestie, le *Hagakuré* avance l'idée significative que
l'énergie humaine a un potentiel considérable, en termes
de physique énergétique. L'excès d'énergie n'existe pas.
Lorsqu'un lion charge à fond, le sol n'existe plus sous
lui ; il se peut même qu'il dépasse la proie qu'il pour-
chassait. Pourquoi ? Parce que c'est un lion.

Jōchō a bien vu qu'une semblable force motrice était
la source d'énergie où les hommes puisent pour agir. Si,
au nom de la vertu de modestie, on bride sa propre vie,
jamais l'entraînement quotidien du samouraï n'engen-
drera en soi un idéal dynamique de l'action qui transcende cette routine. Nous retrouvons ici le principe qui
prescrit d'avoir la plus grande confiance en soi-même et
de prendre en charge les intérêts du clan de son seigneur. Jōchō connaissait aussi bien que les Grecs la fascination, la splendeur grandiose et l'horreur de ce qu'on
appelle l'hubris.

2. La décision

Je découvris que la Voie du samouraï, c'est la mort. Si tu
es tenu de choisir entre la mort et la vie, choisis sans hésiter
la mort. Rien n'est plus simple. Rassemble ton courage et
agis. À en croire certains, mourir sans avoir accompli sa
mission, ce serait mourir en vain. C'est là une contrefaçon
de l'éthique samouraï, qui trahit l'esprit calculateur des
arrogants marchands d'Osaka[1]. Dans une telle situation, il
est presque impossible de faire le juste choix. Tous, nous
préférons vivre. Rien de plus naturel, donc, dans une situation de ce type, que de chercher une excuse pour survivre.
Mais celui qui choisit de continuer à vivre alors qu'il a

---

1. Pendant des siècles, Osaka a été renommée pour le sens des affaires et
l'esprit d'entreprise de ses marchands. Nombre des plus importantes compa-
gnies commerciales d'aujourd'hui sont nées à Osaka.

failli à sa mission, celui-là encourra le mépris qui va aux lâches et aux misérables. Là est le risque. Celui qui meurt en ayant échoué, sa mort sera celle d'un fanatique, une mort vaine. Mais non pas déshonorante. En fait, c'est en une telle mort que consiste la Voie du Samouraï. Si l'on veut devenir un parfait samouraï, il est nécessaire de se préparer à la mort matin et soir et jour après jour. Le samouraï qui est constamment préparé à la mort, celui-là a maîtrisé la Voie du Samouraï et saura sans jamais faillir vouer sa vie au service de son seigneur. (Livre I.)

« Le samouraï qui est constamment préparé à la mort, celui-là a maîtrisé la Voie du samouraï », telle est la nouvelle philosophie qu'a découverte Jōchō. L'homme qui garde la mort présente dans son cœur et sait qu'il sera prêt à quelque moment qu'elle se présente, il n'est pas possible qu'il agisse à tort. Car agir à tort, pour Jōchō, c'est ne pas savoir mourir au moment approprié. Mais le moment approprié ne se présente pas souvent. Dans toute une vie, il se peut que le choix entre la vie et la mort ne survienne qu'une seule fois. Que l'on pense à Jōchō lui-même : avec quels sentiments dut-il accueillir la mort lorsque, après tant d'années d'attente quotidienne, il comprit qu'elle allait s'emparer de lui tout platement, dans son lit, à soixante et un ans ?

Mais ce qui préoccupe Jōchō, c'est la mort en tant que décision, non pas la mort naturelle. Il ne s'agit pas pour lui de la résignation à mourir de maladie mais de la résolution de se détruire. La mort par maladie, c'est l'œuvre de la nature ; la destruction de soi-même, c'est le fait de la libre volonté de l'homme. Et si la manifestation extrême du libre arbitre de l'homme est la libre décision de mourir, alors, demande Jōchō, qu'est-ce que le libre arbitre ? Nous rencontrons là l'idée proprement japonaise que mourir au combat et se suicider rituellement sont également honorables ; le suicide dans sa forme positive, appelée *hara-kiri*, n'est pas un signe de défaite, comme en Occident, mais l'expression ultime d'un libre arbitre décidé à protéger son honneur. La « mort », pour Jōchō, c'est le choix délibéré de mourir et, si impérieuse que soit la situation, couper court aux contraintes en choisissant de mourir c'est accomplir un acte de liberté. Mais c'est là, évidemment, une conception idéalisée de la mort et Jōchō sait pertinemment que la mort ne se présente pas souvent sous une forme aussi épurée et simple. La formule : mort égale liberté est la formule de l'idéal samouraï. Il faut lire entre les lignes pour découvrir le nihilisme foncier de Jōchō : il sait que la mort n'est pas nécessairement cela.

3. La délicatesse

Un monde humain est un monde d'égards pour les autres. La sociabilité d'un homme se mesure aux égards qu'il a. Au premier abord, l'ère des samouraïs peut certes apparaître comme un monde abrupt et brutal ; mais en réalité, il fonctionnait très précisément sur une modulation plus délicate et plus subtile qu'aujourd'hui de l'attention portée à autrui. Même lorsqu'il s'agit de critiquer les autres, Jōchō prêche intarissablement la vertu du ménagement et de la délicatesse.

> Réprimander autrui et corriger ses fautes est important ; c'est en vérité un acte de charité, le premier devoir du service d'un samouraï. Pour le remplir correctement, il faut se donner du mal. Il est facile de repérer les points forts et les faiblesses de la conduite d'autrui ; il est tout aussi facile de critiquer celle-ci. La plupart des gens considèrent apparemment comme un effet de leur bonté de dire aux autres ce qu'ils ne veulent pas entendre ; et si leurs critiques ne sont pas prises au sérieux, eh bien, c'est qu'il n'y a rien à faire. Une telle façon de procéder est totalement dépourvue de mérite. Le résultat n'est guère meilleur que si l'on s'était mis à insulter la personne et à l'embarrasser délibérément. C'est un simple moyen de se débarrasser de ce qu'on a sur le cœur. Avant de passer à la critique, on doit *d'abord* s'assurer que la personne visée l'acceptera, on doit *d'abord* devenir son ami, partager ses préoccupations et se comporter de

façon à gagner totalement sa confiance si bien qu'elle ajoutera foi à ce qu'on lui dira. Et puis, il faut agir avec tact,
réfléchir à la façon la plus appropriée de dire les choses
ainsi qu'au moment le plus favorable. — dans une lettre,
peut-être, ou bien au retour d'une agréable soirée. On
pourra commencer par parler de ses propres défaillances et
laisser voir à l'interlocuteur où l'on veut en venir sans pro-
noncer un mot inutile. D'abord, on vantera son énergie, on
fera tout son possible pour l'encourager et on l'amènera à
un état de réceptivité telle qu'il boira vos paroles comme un
homme assoiffé boit de l'eau. Alors, on pourra le reprendre
sur ses fautes. Il est extrêmement difficile de bien critiquer... (Livre I.)

Les conseils sont gratuits. Qui repugne à prêter une
centaine de yen n'hésitera pas davantage à donner un
conseil qu'un verre d'eau. Dans la vie sociale, les conseils
n'ont presque jamais un effet lubrifiant ; huit ou neuf
fois sur dix, ils humilient, brisent la volonté et suscitent
la rancune. Jōchō est tout à fait conscient de ce phénomène. Il nous incombe à tous de réfléchir au sérieux et à
la sensibilité avec lesquels il aborde le problème de la
critique d'autrui. Il s'appuie solidement sur une appréciation réaliste et désabusée de la psychologie humaine.
Rien à voir avec ces sermonneurs optimistes et irrespon-
sables, qui, au demeurant, ignorent tout de l'âme humaine.

4. Mettre ses principes en pratique
Jōchō nous donne également divers conseils utiles
pour la vie de tous les jours.

Bâiller en public est irrespectueux. Si vous ressentez une
soudaine envie de bâiller, passez-vous la main sur le front
de bas en haut et cette envie se dissipera. Si cela ne réussit
pas, fermez la bouche et frottez-vous l'intérieur des lèvres
avec la langue — ou bien dissimulez votre bâillement dans
votre manche ou derrière votre main de façon à être aussi
discret que possible. La même politique vaut pour les éternuements. Si vous n'apportez pas tous vos soins à ce genre

de choses, vous vous exposerez au ridicule. Et il y a bien d'autres aspects de la vie où vous devez savoir vous contenir.

On est toujours bien avisé de prévoir la veille ce qu'on fera le lendemain et de noter son emploi du temps. C'est là l'un des moyens qui permettent de garder une légère avance sur les autres.

Réprimer un bâillement reste utile aujourd'hui. C'est pendant la guerre que j'ai lu pour la première fois ce passage et ensuite, chaque fois que je sentais venir un bâillement, je passais ma langue sur ma lèvre supérieure et parvenais ainsi à le réprimer. Pendant la guerre, tout particulièrement, alors que bâiller au milieu d'un cours important vous exposait à de sévères réprimandes, l'enseignement de Jôchô m'est apparu inappréciable.

J'ai l'habitude de passer en revue tous les soirs le détail de mes projets pour le lendemain et j'ai soin alors de noter les titres de livres, les messages, les noms et les numéros de téléphone dont j'aurai besoin en sorte que mon travail puisse se faire sans à-coups, sans dépense superflue d'énergie. C'est là encore l'une des leçons d'une grande valeur pratique que j'ai tirées du *Hagakuré*.

5. *La tolérance*

Jôchô ne fait montre d'aucune sévérité dans les critiques qu'il adresse à autrui. Il sait faire la part des faiblesses de chacun. Voici ce qu'il dit à ce sujet :

Je connais quelqu'un qui ne cesse de prôner la plus stricte sévérité mais je ne partage pas son point de vue. Comme dit le proverbe : « Les poissons ne vivent pas dans l'eau claire. » Ce sont les algues qui procurent au poisson un abri où croître en sécurité jusqu'à la maturité. C'est en fermant les yeux parfois sur certains détails et en passant sur les peccadilles qui leur sont reprochées qu'on permet à ces gens de vivre en paix. Voilà ce qu'il est essentiel de comprendre lorsqu'on examine le caractère et la conduite d'autrui. (Livre I.)

Dans la période Tokugawa, le gouvernement ne cessait de prendre des édits somptuaires si bien que les samouraïs menaient une existence extrêmement ascétique, totalement à l'opposé de la consommation de masse d'aujourd'hui. Cet ascétisme a persisté jusqu'à une époque relativement récente et était encore de rigueur pendant la guerre. On considérait que la moralité consistait à réprimer en soi le goût du luxe et à vivre aussi frugalement que possible. Grâce à l'industrialisation qui a suivi la guerre, nous sommes entrés dans l'ère de la consommation de masse, et on dirait que cette vertu typiquement japonaise a été abolie à jamais.

Par comparaison avec la moralité arbitraire et répressive du confucianisme japonais, le *Hagakuré* soutient d'emblée une position libérale et tolérante. Prônant la spontanéité dans l'action et l'audace dans la décision, la philosophie du *Hagakuré* est aux antipodes de la morale bureaucratique de la frugalité, bonne pour les vieilles servantes du palais qui inspectent les recoins du coffre laqué à la recherche d'un dernier grain de riz. Jôchô pousse sa conception des égards dus à autrui jusqu'à conseiller de fermer délibérément les yeux sur les négligences et les fautes de ses subordonnés. Cette notion de l'inadvertance consciente a toujours été vivante dans l'âme japonaise, où elle contrarie et en même temps conforte la frugalité pointilleuse et cérémonieuse. Mais aujourd'hui on a outrepassé les limites légitimes du refus de voir et d'entendre, et l'affectation d'aveuglement a pris le pas sur l'esprit d'économie. Le résultat, c'est cette déchéance morale que l'on qualifie parfois de « brouillard noir ». Il ne s'agit plus de tolérance mais de pur laxisme. Le refus de voir et d'entendre n'est une vertu que s'il s'appuie sur les règles d'une stricte moralité ; lorsque ces règles s'effondrent, cela risque de devenir un vice indigne de l'homme.

6. Des femmes

Jōchō s'exprime fort peu à propos des femmes. Voici ce qu'il en dit :

> ... Le plus important, c'est qu'une femme doit considérer son mari comme son seigneur lige. (Livre I.)

Par plus d'un trait, le *Hagakuré* rappelle l'état d'esprit des Grecs de l'Antiquité et plus précisément des Spartiates. Dans la Grèce antique, l'épouse servait le dieu du foyer et ne quittait pas la maison ; on attendait d'elle qu'elle se consacre à ses enfants et à son ménage et qu'elle respecte son mari. L'homme, en revanche, avait une vie extérieure, entretenait des relations amoureuses avec de beaux jeunes gens, se divertissait avec des prostituées ou en compagnie de ces esclaves cultivées, les hétaïres. On est là très près des conceptions de Jōchō concernant les femmes.

7. Le nihilisme

> Le caractère chinois *gen* (幻) se lit en japonais *maboroshi* et signifie « illusion ». En japonais, on appelle les magiciens indiens *genshutsushi* (幻出師), c'est-à-dire « illusionnistes ». En cette vie, les êtres humains sont comme des marionnettes. C'est pourquoi on utilise le caractère *gen*, afin de suggérer l'« illusion » du libre arbitre. (Livre I.)

Jōchō parle souvent des êtres humains comme de pantins, de leur condition comme d'une existence de marionnettes. Au tréfonds de son être, il est habité par un « nihilisme » à la fois pénétrant et profondément viril. Il sonde chaque instant de la vie pour en extraire le sens, mais, au fond, il est convaincu que la vie même n'est rien d'autre qu'un songe.

Je m'étendrai plus loin sur le nihilisme de Jōchō à propos d'un autre extrait.

8. *L'objectivité de la rectitude morale*

Détester le mal et conduire sa vie selon la rectitude morale est excessivement difficile. Mais, paradoxalement, donner une importance essentielle à la stricte logique et placer la rectitude morale au-dessus de tout est une cause fréquente d'errements. Il existe une voie plus élevée que celle de la rectitude morale mais la découvrir est difficile et exige la plus haute sagesse. Au regard de cette Voie, les principes logiques sont véritablement dépourvus de signification. On ne saurait connaître ce dont on n'a pas une expérience immédiate. Pourtant, il est un moyen de s'instruire de la vérité alors même qu'on n'a pas été capable de la discerner par soi-même. C'est de s'entretenir avec d'autres personnes. Il est fréquent que l'on puisse donner des conseils sans pour autant avoir atteint soi-même la perfection. Il s'agit du principe connu des joueurs de *go* sous la formule : « l'avantage est au spectateur ». On parle d'« apprendre à voir ses fautes grâce à la méditation » mais cela aussi la conversation le permet mieux encore. La raison en est que lorsqu'on s'instruit en écoutant ce que les autres ont à nous dire et en lisant des livres, on dépasse les limites de son propre pouvoir de discernement pour suivre les enseignements des Anciens. (Livre I.)

Dans ce passage sur le caractère relatif de la rectitude morale, le *Hagakuré* pressent la doctrine politique de la démocratie. C'est un principe de la démocratie que si l'on veut s'assurer de la rectitude de ses convictions, on doive attendre le jugement d'une tierce personne. Bien qu'il défende une philosophie dynamique de l'action, Jōchō laisse toujours dans le doute le caractère moral de la conduite en question. La pureté de l'action, c'est la pureté de la subjectivité. Mais pour pouvoir fonder l'action sur des principes moraux, il faut être en mesure de soumettre à un autre critère la pureté de ces principes, c'est-à-dire à un critère objectif. Bien qu'on puisse juger de la pureté d'une action d'après cette action même, la pureté de son caractère moral devra être appréciée différemment, et Jōchō s'en rend bien compte. La méthode adéquate réside dans la consultation. Le principe selon lequel « l'avantage est au spectateur » peut être bénéfique à celui qui s'est enfermé dans une conception étriquée de la moralité. Ici, le *Hagakuré* adopte un point de vue relativiste.

9. *L'art de conduire sa vie*

Entre autres proclamations publiques, le seigneur Naoshige fit celle-ci : « Il faut aborder les questions importantes avec légèreté. » Voici l'explication qu'en donne Ittei Ishida (érudit confucéen du Han de Saga et maître de Jōchō Yamamoto) : « Il faut prendre au sérieux les plus petits détails. » Il est peu de problèmes véritablement importants ; dans le cours d'une vie, il ne s'en pose probablement que deux ou trois. C'est la conclusion à laquelle vous conduira la réflexion quotidienne. Il est donc nécessaire de prévoir la conduite à tenir en cas de crise et de s'en souvenir une fois celle-ci survenue de façon à régler le problème conformément à son plan. Faute d'une préparation quotidienne, on risque d'être incapable de réagir assez rapidement pour faire face à une situation difficile et d'aboutir ainsi à des résultats désastreux. Ne sommes-nous donc pas en droit de dire que le principe qui sous-tend le précepte « il faut aborder les questions importantes avec légèreté » est d'affermir quotidiennement sa résolution de suivre la ligne de conduite choisie ? (Livre I.)

Une conviction est une résolution. Et une résolution doit s'éprouver quotidiennement pendant des années. Jōchō distingue, apparemment, entre convictions majeures et convictions mineures. En d'autres termes, la vie quotidienne doit en quelque sorte nourrir les convictions majeures de façon qu'au moment où l'on se décidera à agir, on puisse les mettre en pratique sans effort, spontanément. Les convictions mineures régissent les menus détails de la vie courante. Prosper Mérimée a fait observer que, dans la création romanesque, les détails les plus infimes devaient avoir un fondement théorique, que même un simple gant devait avoir sa théorie. Cette

vérité ne vaut pas pour les seuls romanciers : alors
même que l'on jouit de la vie, il convient d'aborder d'un
point de vue théorique même les questions les moins
importantes afin d'exercer le jugement et l'esprit de
décision. Sinon, l'ossature de l'existence se rompt et parfois se trouvent enfreintes les convictions essentielles
elles-mêmes. Parmi des Anglais qui prennent le thé, la
personne qui sert demande toujours à chacun s'il préfère
« le lait d'abord » ou « le thé d'abord ». On pourrait
croire que de verser dans la tasse l'un ou l'autre d'abord
revient au même, mais dans cette question apparemment futile, la conception anglaise de la vie s'affirme
énergiquement. C'est la conviction de certains Anglais
qu'il faut verser le lait dans la tasse avant le thé et si l'on
inversait cet ordre, il est hors de doute qu'ils verraient
dans un tel acte le premier pas vers la violation des principes qui leur tiennent le plus à cœur.

Par « il faut aborder les questions importantes avec
légèreté », Jōchō entend que, si un trou de fourmi peut
provoquer l'effondrement d'une digue, il faut prêter
attention aux petites théories, aux convictions mineures,
qui régissent notre vie quotidienne, de nuit comme de
jour. C'est là une leçon valable pour notre époque per-
vertie qui n'accorde de valeur qu'à l'idéologie et ne
prend pas au sérieux les pratiques insignifiantes de la vie
courante.

10. *Préparation et décision*

Les convictions majeures, que l'on doit être résolu à
mettre en pratique jour après jour, reposent sur le principe qu'il faut mourir selon la Voie du samouraï.

> ... Entre autres exigences, la Voie du samouraï requiert
> de savoir qu'à tout moment un événement peut survenir
> qui mette à l'épreuve la profondeur de sa résolution. La
> nuit comme le jour, il devra mettre en ordre ses pensées et
> se préparer une ligne de conduite. Selon les circonstances, il

se pourra qu'il gagne ou qu'il perde. Mais éviter le déshonneur n'a rien à voir avec gagner ou perdre. Pour éviter le
déshonneur, il lui faudra mourir. Mais si, la première fois,
les choses ne suivent pas le cours qu'il aurait souhaité, il
devra essayer à nouveau. Cela ne lui demandera ni savoir ni
talent particulier. Le samouraï expérimenté ne pense ni à la
victoire ni à la défaite ; il se contente de se battre comme un
fou jusqu'à la mort... (Livre I.)

C'est la durée de la préparation qui permet la rapidité
de décision. On aura, sans doute, le choix de la conduite
à suivre mais non toujours le choix du moment. À peine
le moment de la décision s'est-il profilé dans le lointain,
qu'il est déjà sur vous. Vivre, n'est-ce pas alors se préparer à ce moment de décision, choisi pour chacun de longue main, par le destin, peut-être ? Pour Jōchō, il est
d'une importance capitale de se discipliner soi-même de
façon à savoir agir lorsque sonne l'heure du destin.

11. Être constamment résigné à la menace constante de la mort
Le *Hagakuré* explique ensuite plus en détail les idées
exposées dans les paragraphes 9 et 10.

Il y a cinquante ou soixante ans encore, tous les matins,
le samouraï faisait ses ablutions, se rasait le crâne et se parfumait le chignon. Puis il se coupait les ongles des mains et
des pieds, les ponçait et les polissait à l'herbe *kogané.* Sur ces
choses, il ne se laissait jamais aller à la paresse et prenait le
plus grand soin de sa tenue. Le samouraï inspectait ensuite
ses deux épées, la longue et la courte, afin de s'assurer
qu'elles ne rouillaient pas, il les époussetait et les astiquait.
Se donner autant de mal pour soigner son apparence peut
sembler de l'afféterie, et pourtant cette habitude ne venait
pas d'un goût pour l'élégance ou pour la séduction. À tout
moment, dans l'ardeur d'un combat, on peut recevoir une
épée au travers du corps ; mourir dans une tenue négligée
c'est trahir un laisser-aller général qui vous expose aux railleries méprisantes de l'ennemi. Aussi, jeunes ou vieux, les
samouraïs s'efforçaient-ils d'apparaître sous leur meilleur
jour. On peut penser que cette exigence pointilleuse ne vaut
pas tant de temps et d'efforts, mais telle est la Voie du

samouraï. Et en fait, cela n'exige que bien peu de temps et
d'efforts. Si, toujours préparé à la mort, le samouraï en
vient à se considérer comme déjà mort, s'il est empressé au
service de son maître et se perfectionne dans les arts martiaux, il est sûr de ne connaître jamais la honte ; tandis que
s'il passe ses journées à satisfaire égoïstement tous ses
caprices, au moment de l'épreuve, il se couvrira de déshonneur. Alors, inconscient même de sa honte et s'imaginant
que rien d'autre ne compte que sa sécurité et son bonheur,
il va sombrer dans le divertissement — fin profondément
lamentable.

Le samouraï qui n'est pas à tout moment préparé à mourir aura inévitablement une mort inconvenante. Alors que
le samouraï qui passe sa vie à se préparer à la mort, comment sa conduite pourrait-elle encourir le mépris ? Il faut
bien réfléchir à cette question et se comporter en conséquence. Les temps ont bien changé ces trente dernières
années. Quand de jeunes samouraïs se rencontrent, c'est
pour parler d'argent, de profits et de pertes, de la façon
judicieuse de mener son ménage ou d'apprécier la qualité
d'un vêtement, et pour se raconter leurs bonnes fortunes.
Un autre sujet survient-il dans la conversation, l'atmosphère s'assombrit immédiatement et chacun se sent vaguement mal à l'aise. Nous sommes tombés bien bas ! Autrefois, jusqu'à vingt ou trente ans jamais un jeune homme
n'aurait eu une pensée mesquine ou terre à terre, et jamais
non plus, par conséquent, un propos de cette sorte. Et si,
par accident, un tel propos venait à échapper à un homme
mûr en présence de jeunes gens, ceux-ci en étaient aussi
affligés que s'ils avaient été physiquement blessés. Si ces
nouvelles tendances se sont fait jour, c'est apparemment
parce que l'époque moderne reconnaît une valeur au luxe
et à l'ostentation. Désormais, seul l'argent a de l'importance. (Livre I.)

12. Comment se conduire dans une beuverie

Les débordements des beuveries japonaises sont inter-
nationalement connus. Peut-être les Japonais sont-ils
plus sensibles à l'alcool, mais il y a aussi une différence
de mentalité. En Occident, un honnête homme serait
impardonnable de s'enivrer et de se comporter de façon
inconvenante dans une soirée où l'on boit. La société

considère les alcooliques comme des déchets et des réprouvés et on les verra, la bouteille de vin à la main, titubant comme des spectres, sur des trottoirs qu'ils sont seuls à hanter.

Au Japon, une convention bizarre permet à l'être humain normal de se dépouiller de sa dignité lorsqu'il boit, de faire étalage de ses faiblesses, de montrer son cœur à nu et de confesser les secrets les plus gênants. Qu'importe qu'il grogne ou geigne, on lui pardonne tout sous prétexte qu'il a bu. Je ne sais combien Shinjuku compte de bars, mais dans ce nombre ahurissant de bars, des ouvriers, des employés viennent s'asseoir pour boire et se plaindre des femmes et de leur patron. Le bar se transforme en un minable confessionnal protégé par la promesse tacite et mutuelle de faire semblant d'avoir oublié au matin ce qu'on n'aura pas oublié en fait : les aveux indignes et larmoyants échangés le soir entre amis.

Autrement dit, au Japon la beuverie est une réunion de gens qui s'exposent aux regards des autres tout en faisant semblant de rester en privé. Tout en écoutant, on affectera de ne pas entendre ; et bien que les confidences recueillies puissent blesser l'auditeur, celui-ci fera bonne figure et tout sera pardonné au nom de l'alcool. Mais le *Hagakuré* nous rappelle que toute beuverie se déroule « comme dehors », c'est-à-dire en public. Cette remarque évoque curieusement l'idéal britannique du « gentleman ».

> Bien des hommes ont échoué dans leur vie à cause d'excès de boisson. C'est un grand malheur. Chacun doit connaître sa résistance à l'alcool et ne jamais boire au-delà. Il arrive cependant qu'on fasse une erreur d'appréciation. Quand il boit, le samouraï doit toujours rester sur ses gardes de sorte qu'en cas d'événement imprévu, il soit en mesure d'y faire face. Dans les banquets où l'on sert de l'alcool on se trouve, comme dehors, exposé à bien des regards. Il faut être prudent. (Livre I.)

Que Jōchō ait eu besoin de faire ces observations indique bien qu'en son temps comme au nôtre, il était de règle qu'on se montrât indiscret quand on buvait.

13. Une morale des apparences

Ruth Benedict (anthropologue américaine, 1887-1948), dans son célèbre ouvrage *Le Sabre et le chrysanthème*, définit la morale japonaise comme une « morale de la honte ». Cette formule soulève bien des problèmes, mais en ce qui concerne la Voie du samouraï, il est bien naturel qu'elle accorde une valeur aux apparences extérieures. Un guerrier n'oublie pas un instant ses ennemis. Le samouraï n'a d'autre choix que de défendre son honneur et de soutenir son moral en anticipant constamment : « Est-ce que je ne risque pas de me couvrir de honte devant mes ennemis ? » « Mes ennemis ne vont-ils pas me mépriser ? » La conscience du samouraï revêt la forme même de l'ennemi. Aussi le *Hagakuré* a-t-il pour caractère essentiel d'exposer une morale non pas de l'introspection mais de la réflexion extérieure. L'histoire de la pensée morale ne permet absolument pas de savoir laquelle de ces deux conceptions, l'éthique de l'intériorité ou celle de l'extériorité, s'est révélée la plus efficace. Parmi les chrétiens, par exemple, les catholiques, qui délèguent à l'Église l'autorité morale, jouissent d'une relative sécurité psychologique, alors que les protestants font assumer à la conscience individuelle la responsabilité de l'âme. Et bien des personnalités faibles se trouvent broyées sous cet insupportable fardeau moral ; on le voit bien aux États-Unis qui comptent des cas innombrables de névroses graves.

Citons le *Hagakuré* :

> Lorsqu'on rend visite à un ami plongé dans l'affliction, il est essentiel de bien peser les paroles de consolation qu'on lui adresse. Car à travers vos mots, il se peut qu'il sache lire

vos véritables sentiments. Le vrai samouraï ne doit jamais donner l'impression qu'il faiblit ou qu'il perd courage. Il doit aller de l'avant courageusement comme s'il était sûr de surmonter l'épreuve. Sinon, à quoi sert-il ? Là est le secret du réconfort qu'on peut apporter à un ami malheureux. (Livre I.)

« Le vrai samouraï ne doit jamais donner l'impression qu'il faiblit ou qu'il perd courage. » Cette formule laisse entendre que c'est une faute de « donner l'impression » de faiblir ou de perdre courage. L'important pour le samouraï est de ne pas manifester extérieurement son amertume ou sa lassitude.

Il est naturel à tout être humain de tomber dans l'abattement et l'épuisement et les samouraïs n'échappent pas à la règle. Pourtant, la morale exige l'impossible. Et l'éthique samouraï est une politique du cœur qui vise à maîtriser le découragement et la lassitude afin de les empêcher de se montrer aux autres. On tenait pour plus important d'avoir l'air bien portant que de l'être, plus important de paraître vaillant et audacieux que d'être tel. Cette conception, physiologiquement enracinée dans la vanité spécifique des hommes, est peut-être la forme suprême de la morale masculine.

14. Une philosophie de l'excès

Comme je l'ai dit à propos du premier de ces 48 points, une fois admise l'énergie comme principe moteur de l'action, il ne nous reste plus qu'à suivre les lois de la physique énergétique. Un lion ne peut faire autrement que de charger tout droit jusqu'au bout du champ qui s'ouvre devant lui. C'est ainsi qu'un lion démontre qu'il est un lion. Jōchō estime que pousser aux extrêmes est un « tremplin » spirituel précieux. C'est ce qui ressort clairement du passage suivant :

On prise fort le sens de la mesure, mais quand il s'agit des arts martiaux, même dans l'entraînement quotidien, le samouraï ne doit pas se départir un instant de la conviction que sa valeur est supérieure à celle de quiconque. Pour le tir à l'arc, nous nous entraînons sur des cibles. Si l'on vise directement les repères tracés sur la cible, la flèche aura tendance à se déporter vers la droite et vers le haut. Il faut donc viser au-dessous et à gauche. Alors la flèche atteindra le but.

Le samouraï dont l'ambition est de faire merveille sur le champ de bataille, de surpasser les prouesses guerrières des meilleurs, le samouraï qui passe ses jours et ses nuits à imaginer les moyens de faire prisonnier un puissant ennemi, celui-là incarne la valeur du samouraï vigoureux et indomptable. C'est de cela qu'il s'agit dans les vieilles légendes guerrières. Telles doivent être également les dispositions du samouraï pour la vie de tous les jours. (Livre I.)

15. L'éducation des enfants

Bien qu'appartenant toutes deux au monde anglo-saxon, l'Angleterre et l'Amérique élèvent leurs enfants de façon très différente. L'éducation anglaise traditionnelle n'autorise que très rarement les enfants à paraître en présence des parents et lorsque c'est le cas, ils doivent absolument garder le silence. Il leur est en outre interdit de troubler la conversation des adultes en parlant entre eux. Le silence imposé à l'enfant fait partie de l'initiation à la vie sociale par laquelle il doit passer pour être préparé à s'exprimer ultérieurement en vrai gentleman.

L'éducation à l'américaine requiert en fait des enfants une participation active aux conversations qui les forme à la vie en société. Les adultes écoutent les propos des enfants et discutent avec eux, de sorte que l'enfant, dès son jeune âge, est invité à donner sans timidité son avis.

Ce n'est pas ici mon propos de choisir entre ces deux systèmes d'éducation. Voici plutôt ce que dit à ce sujet le *Hagakuré* :

L'éducation d'un enfant de samouraï obéit à une formule bien définie. Dès la petite enfance, on stimule son courage et personne ne doit jamais le menacer ni le tromper. Si dès son jeune âge il souffre d'anxiétés et de peurs, ce sera comme une cicatrice qui le marquera jusque dans la tombe. Ses parents ne doivent jamais, par négligence, le laisser s'effrayer du tonnerre, ni lui interdire de s'avancer dans l'obscurité et c'est un mauvais calcul que de lui raconter des histoires effrayantes sous prétexte de calmer ses pleurs.

D'un autre côté, gronder un enfant trop sévèrement, c'est en faire un adulte timide et renfermé. En toute occasion, il faut prendre garde qu'il n'acquière pas des traits de caractère déplaisants. Car une fois qu'il aura pris un mauvais pli, ce n'est pas en lui faisant la leçon qu'on l'en débarrassera. Pour ce qui est de la façon de s'exprimer et des manières, il faut s'efforcer de lui donner une compréhension d'ensemble des convenances et jamais il ne devrait éprouver de désir vulgaire. Le reste est de moindre importance, car, en général, un enfant normal et sain se développera de toute façon, quelle que soit l'éducation qu'il reçoit. Bien entendu, les enfants nés de parents mal accordés manqueront de piété filiale. Même les oiseaux et les bêtes subissent l'influence de ce qu'ils voient et entendent depuis leur naissance ; il faut accorder la plus grande attention à l'entourage de l'enfant. Il arrive qu'un père s'entende mal avec son fils à cause de l'inconscience de la mère. La mère qui se comporte étourdiment avec son enfant et prend sa défense chaque fois que le père veut le réprimander, crée avec l'enfant une complicité qui, plus tard, sera cause de frictions entre le père et le fils. Faire de son enfant son complice contre le père découle apparemment du manque de pénétration que les femmes manifestent naturellement dans leurs desseins et elles s'imaginent assurer la sécurité de leurs vieux jours en gagnant la faveur de leur fils en son âge tendre. (Livre I.)

La méthode d'éducation de Jōchō ressemble étonnamment à l'idéal de liberté et de naturel préconisé par Rousseau dans l'*Émile*. Rappelons que la première année où le *Hagakuré* a circulé en manuscrit, 1711, est l'année de la naissance de Rousseau.

La cause que défend Jōchō n'est pas simplement celle d'une éducation spartiate ; il tient tout particulièrement à ce qu'on ne laisse pas se développer chez l'enfant la peur de la nature et à ce qu'on évite de le réprimander avec une sévérité déraisonnable. Si les parents laissent leurs enfants grandir librement dans leur monde d'enfants sans les menacer ni les punir indûment, ils ne deviendront ni couards ni renfermés. On remarquera avec intérêt que le *Hagakuré* évoque un cas particulier dans des termes qui restent valables aujourd'hui. De nos jours également, on voit partout des mères qui portent à leur fils un amour excessif et font cause commune avec eux contre le père, perturbant ainsi les rapports entre pères et fils. Avec le déclin de l'autorité paternelle, on rencontre de plus en plus souvent le « petit chéri à sa maman » tandis que prolifère ce que les Américains appellent la « mère dominatrice ». On bannit le père et on néglige complètement la stricte formation de samouraï que le père était censé transmettre à son fils (il est vrai qu'il n'y a plus rien à transmettre) et même aux yeux de l'enfant, le père n'est plus qu'un robot bon à rapporter de l'argent à la maison. Plus aucun lien spirituel entre eux. Il est courant de déplorer la féminisation de l'homme actuel. Mais il serait temps de se rendre compte de la rapidité tout aussi alarmante avec laquelle s'affaiblit la fonction paternelle.

16. La sincérité dans les rapports humains
La « délicatesse » chère au *Hagakuré* nous enseigne aussi que la sincérité est l'exigence essentielle des rapports entre les hommes. De nos jours encore, cette conception rencontre fort peu d'opposition.

> « Si tu veux lire dans le cœur d'un ami, tombe malade », dit-on couramment. C'est un lâche que celui qui vous fait bonne figure lorsque tout va bien, pour vous tourner le dos comme à un étranger sitôt que la maladie ou l'infortune s'abattent sur vous. Quand un ami est dans le malheur, c'est alors qu'il importe de rester à ses côtés, de lui rendre visite et de pourvoir à ses besoins. Jamais, de toute sa vie, le samouraï ne doit se laisser détacher de ceux auprès de qui il

a contracté une dette morale. C'est là une pierre de touche pour juger des véritables sentiments d'un homme. Mais la plupart du temps, nous pensons aux autres dans les moments difficiles pour qu'ils nous aident et nous les oublions totalement à peine sortis de la mauvaise passe.

17. Le meilleur moment pour congédier un domestique

À propos des rapports avec les domestiques, voici un conseil du *Hagakuré* qui illustre une nouvelle fois ses scrupules et son tact.

Zenjin'emon Yamamoto (père de Jōchō), quand l'un de ses domestiques avait commis une faute, le gardait à son service jusqu'à la fin de l'année comme si rien ne s'était passé et ne lui donnait son congé, calmement, qu'à la veille du nouvel an. (Livre I.)

18. L'homme et son miroir

Si, comme je l'ai dit plus haut, on doit mettre l'accent sur l'aspect extérieur de la vie morale, c'est l'ennemi qui en donne le meilleur reflet — et le miroir. L'ennemi scrute et évalue notre conduite ; et ainsi fait le miroir. La femme se sert quotidiennement du miroir pour sa toilette ; l'homme en fait un instrument d'introspection.

Tenant d'une morale des apparences, Jōchō avait bien évidemment quelque chose à dire à propos de miroirs.

Afin de parfaire son aspect et son maintien, le samouraï devrait prendre l'habitude de s'observer dans un miroir pour se corriger. Lorsque j'atteignis ma treizième année, je nouai mes cheveux en chignon, à la façon traditionnelle, puis je m'enfermai à la maison pour un an. Chacun, dans ma famille, disait en effet : « Il a une figure si intelligente qu'il finira par s'attirer un malheur. Le daimyo ne déteste rien tant que les gens qui ont l'air intelligent. » Aussi, décidé à corriger les expressions de mon visage, je passai mes journées devant le miroir. Au bout d'un an, quand je me montrai à nouveau, tout le monde me trouva l'air pas très bien portant et je me dis en moi-même que c'était là ce qui convenait aux fonctions de samouraï. Quelque chose vous fait hésiter à accorder votre confiance à un homme qui laisse éclater son intelligence sur son visage. On ne saurait trouver beau un homme dont l'allure ne respire pas la sérénité, la dignité calme. L'idéal est d'apparaître respectueux mais sévère, et maître de soi. (Livre I.)

Étrange cas, que celui de cet homme au visage trop intelligent, qui parvient à corriger ce défaut à force de s'étudier interminablement dans un miroir. Mais ce que le *Hagakuré* nous dit ici de son idéal de beauté humaine, ou plutôt virile — respectueux mais sévère et maître de soi — est encore aujourd'hui l'un des styles possibles de la beauté virile. « Respectueux » implique une humilité qui inspire confiance aux autres, tandis que « sévère » évoque l'austérité et la réserve. Ce qui permet de réconcilier et d'unir l'un à l'autre ces deux éléments opposés, c'est un calme, une sérénité inaltérables.

19. Les intellectuels

Le calculateur est un lâche. Si je dis cela, c'est que le calcul porte toujours sur le profit et la perte et que, par conséquent, le calculateur n'est préoccupé que de profit et de perte. Mourir est une perte, vivre est un gain, aussi décide-t-on de ne pas mourir. On est donc un lâche. De même, l'homme instruit camoufle sous son intelligence et son éloquence la lâcheté ou la rapacité qui forment le fond de sa nature. Peu de gens voient cela. (Livre I.)

Il est probable qu'à l'époque du *Hagakuré* il n'existait aucun phénomène social qui correspondît à l'« intelligentsia » moderne. Pourtant, à la faveur de la paix qui se prolongeait, les confucéens, les érudits et même les samouraïs commençaient à former l'embryon d'une telle couche. Jōchō désigne ces gens sous la simple appellation de « calculateurs ». D'un mot, il dévoile la tare cachée du rationalisme et de l'humanisme. À la lumière trompeuse de la logique, la mort est une perte, la vie est un gain. En termes rationalistes, qui se réjouirait de marcher à la mort ? Le rationalisme sert de rempart philosophique à l'humanisme, dont il est aussi le fondement, et l'humaniste, dans l'illusion d'avoir atteint l'universalité, dissimule derrière ce rempart la faiblesse du moi et l'inconsistance de son point de vue subjectif. Le propos constant de Jōchō est de critiquer l'écart qui sépare la subjectivité et la philosophie. Si la philosophie découle de l'esprit de calcul qui pense la mort comme un débit et la vie comme un crédit, celui qui dissimule sa lâcheté et sa cupidité profondes sous le raisonnement et la rhétorique ne fait que s'abuser lui-même en se forgeant une philosophie et offre le spectacle pitoyable d'un être humain qui s'est menti à lui-même.

Même aux yeux de l'humanisme moderne, on atteint à l'humanisme lorsqu'on met en jeu, non pas la vie d'un autre, mais la sienne propre. Sous sa forme la plus dégradée, cependant, l'humanisme moderne permet de déguiser en compassion pour la mort d'autrui le désir animal de ne pas mourir et l'égoïsme de qui cherche à utiliser cette philosophie à son propre profit. Voilà ce que Jōchō entend par lâcheté.

20. La passion de la mort

L'extrême opposé du leurre philosophique que nous venons de décrire, c'est l'explosion d'action pure, l'explosion spontanée qui ne s'appuie sur aucun principe abstrait, tel que loyauté envers le daimyo, piété filiale, etc. Jōchō n'aurait pas souscrit au fascisme. Son idéal est la forme la plus pure de l'action, qui implique automatiquement les vertus de loyauté et de piété filiale. Le samouraï ne saurait assurer à l'avance que ses actes symboliseront la loyauté et la piété filiale. Aussi bien les actes d'un homme ne suivent-ils pas toujours un cours prévisible. Il est éclairant à cet égard de lire le passage suivant intitulé : « La Voie du samouraï est une passion pour la mort. »

Le seigneur Naoshige a dit : « La Voie du samouraï est

une passion pour la mort. Il arrive que dix hommes ne puissent venir à bout d'un seul s'il est possédé d'une telle passion. » On ne saurait accomplir des exploits quand on est dans un état d'esprit normal. Il faut être pris de fanatisme et de passion pour la mort. Sitôt qu'on devient capable de discernement, il est trop tard pour s'en servir. Selon la Voie du samouraï, la loyauté et la piété filiale sont superflues ; seule est nécessaire la passion de la mort. La loyauté et la piété filiale viendront l'habiter d'elles-mêmes. (Livre I.)

Cet anti-idéalisme, ou anti-intellectualisme si l'on préfère, comporte certes des dangers. Pourtant, la plus grave défaite de l'idéalisme et de l'intellectualisme c'est que, face au danger, ils ne permettent pas qu'on mette courageusement sa vie en jeu. Si, dans l'action aveugle, l'intellect était automatiquement présent, ou si la raison, tout comme l'instinct, pouvait devenir un agent naturel de motivation, l'action humaine trouverait là sa forme idéale. Dans l'extrait cité plus haut, une phrase a une importance vitale : « La loyauté et la piété filiale viendront l'habiter d'elles-mêmes. » Car ce n'est pas dans le fanatisme pur et simple que croit Jōchō, ni, répétons-le, dans le pur et simple anti-idéalisme, mais dans une harmonie préétablie inhérente à l'action pure — l'idée que le monde a été conçu par Dieu depuis l'origine des temps pour fonctionner dans l'harmonie.

21. Les paroles et les actes modifient l'esprit
C'est une erreur répandue à notre époque de croire que les paroles et les actes sont des manifestations de la conscience et de la philosophie personnelles, qui sont elles-mêmes des produits de l'esprit ou du cœur. Notre erreur commune est de croire dans l'existence du cœur ou de l'esprit, de la conscience, de la pensée et des idées abstraites alors même qu'elles ne se manifestent pas immédiatement dans le comportement. Et pourtant, pour les Grecs, par exemple, qui n'ajoutaient foi qu'à ce

qu'ils pouvaient voir de leurs propres yeux, ce cœur ou cet esprit invisibles n'avaient aucune existence. Si l'on veut influer sur cette vague entité de l'esprit ou du cœur et savoir ce qui l'a nourri et transformé, on ne peut que spéculer à partir des manifestations extérieures, c'est-à-dire les paroles et les actes de l'individu. Tel est le message de Jōchō. Et il nous avertit de ne jamais laisser échapper, même dans la conversation courante, un mot qui exprime la peur. Des mots, la peur gagne le cœur même et être considéré comme un lâche par les autres, c'est la même chose que d'être un lâche. À la première défaillance de l'individu en parole ou en acte, sa philosophie de la vie s'effondre. On peut avoir du mal à supporter cette vérité. Si l'on croit dans l'existence du cœur ou de l'esprit et si l'on veut la protéger, on doit surveiller ses paroles et ses actes. Celui qui veille avec un soin méticuleux sur le moindre de ses propos ou de ses gestes s'enrichira prodigieusement d'une passion intérieure insoupçonnée et son cœur portera des fruits dont il n'aurait osé rêver.

> En toutes choses, le samouraï doit être précautionneux et éviter les plus minimes faiblesses. Il arrive qu'un samouraï ne sache pas tenir sa langue et laisse échapper des propos tels que « je suis un lâche », ou « s'il en est ainsi, cherchons notre salut dans la fuite », ou encore « c'est terrifiant ! » ou simplement « Aïe ! » De tels mots ne doivent jamais franchir les lèvres en aucune circonstance, même pour rire, même en rêve, même par mégarde. Qu'ils tombent dans l'oreille d'un homme avisé, et il saura à qui il a affaire. Il faut être constamment sur ses gardes. (Livre I).

22. Le progrès personnel

Bien que Jōchō semble préconiser la mort la plus précoce possible, en fait il prise surtout ceux qui s'épanouissent tardivement. Il laisse entendre que la force de l'homme et son aptitude à l'action ne viennent pas toujours à maturité en même temps que ses capacités pratiques. C'est que pour le samouraï, servir a deux significations. La première est d'abandonner son existence à son daimyo ; la seconde est de mettre ses capacités pratiques au service des intérêts du *han*. Un aspect intéressant du *Hagakuré* est la valeur également élevée qu'il accorde et au sens de l'action et au savoir-faire, alors qu'on considère généralement que ces deux aptitudes n'ont rien à voir l'une avec l'autre. Jōchō voit en elles les deux talents majeurs et s'il les distingue ce n'est pas par une différence de qualité mais par l'âge de celui qui les possède. On retrouve là les préoccupations pratiques du *Hagakuré*.

> Celui qui se comporte toujours en jeune homme, ne servira pas valablement son daimyo. Si doué que soit le samouraï, dans sa jeunesse ses capacités ne sont pas pleinement développées et il n'est pas suffisamment reconnu par les autres. À l'âge de cinquante ans, il lui faut aborder la phase finale de sa préparation. Se conduire de telle sorte qu'on passe aux yeux de la plupart pour avoir été bien loin à entrer dans la vie publique, c'est ainsi que l'on se consacre véritablement au service de son seigneur. L'homme dont les desseins sont justes, même s'il compromet sa fortune, ce n'aura pas été en recherchant pour lui-même des profits illégitimes, aussi la recrouvera-t-il entièrement le moment venu (Livre I.)

23. Autre conseil relatif aux domestiques

Voici encore un conseil d'un ordre tout à fait pratique :

> Dans un *waka* sur Yoshitsune[1] on trouve l'affirmation suivante : « Le général doit adresser fréquemment la parole à la troupe. » De même, vos domestiques seront prêts à se donner tout entiers et de bon cœur à votre service si, non seulement dans les circonstances exceptionnelles mais

---

1. Yoshitsune Minamoto (1159-1189). Célèbre guerrier, héros d'innombrables légendes. Frère cadet de Yoritomo, premier des shogun Kamakura. Yoritomo se tourna contre Yoshitsune et l'accula au suicide au terme d'une résistance héroïque.

même dans la vie courante, vous leur accordez personnellement quelques paroles du genre : « Comme tu as bien travaillé pour moi ! » « Fais bien attention à ceci... », « Te voici
à présent un serviteur accompli. » De tels propos sont de la
plus grande importance.

24. La concentration spirituelle

Ce développement est en contradiction manifeste avec
le paragraphe 27 qu'on lira plus loin. Si, en effet, Jōchō
veut que l'on concentre toute son énergie sur la pensée
unique de la Voie du samouraï, il n'en considère pas
moins les « arts d'exécution » comme d'ineptes passe-
temps auxquels il est tout à fait déplacé de consacrer des
forces. L'expression « arts d'exécution » revêt dans le
Hagakuré un sens légèrement différent de celui qu'il a
aujourd'hui. Dans son acceptation la plus large, il signifie
les réalisations techniques et s'applique aux capacités de
ce qu'on appelle aujourd'hui un technicien. Ce que veut
dire Jōchō, selon moi, c'est que le samouraï est un être
humain total, alors que l'homme qui s'absorbe totalement dans une activité technique s'est dégradé en une
« fonction », un simple rouage de la machine. Celui qui
se voue corps et âme à la Voie du samouraï ne limite pas
son horizon à une seule compétence et ne se laisse pas
traiter en pure et simple fonction. Lorsqu'il remplit les
devoirs de sa charge, le samouraï doit se pénétrer de
l'idée qu'il représente tous les samouraïs et sa conduite
en toute situation doit porter témoignage de la Voie du
samouraï. Le samouraï qui se prépare mentalement à
porter à bout de bras le sort du *han* tout entier, qui se
donne à sa tâche avec la plus grande confiance en soi,
n'est pas une simple fonction. Il est un *samouraï* ; il est la
Voie du samouraï. Nul danger qu'un être humain se
dégrade en un rouage de machine. À l'inverse, l'individu
qui ne vit que pour sa compétence technique ne saurait
remplir totalement son rôle d'homme ; il ne pourra remplir qu'une fonction, surtout dans une société aussi obsé-

dée de technique que la nôtre. Le samouraï épris d'un idéal de totalité humaine qui se laisserait aller à cultiver un art ou une technique particulière verrait sa fonction spécialisée ruiner son idéal. Telle est la crainte de Jōchō. Il ne se représente pas l'être humain idéal comme un compromis, fonction d'un côté et totalité de l'autre. Un être total n'a pas besoin de compétence. Il incarne l'esprit, il incarne l'action et il incarne les principes idéaux qui fondent son royaume. Telle doit être la signification de l'extrait que voici :

Il est erroné d'appliquer son esprit à deux objets à la fois. Il faut consacrer toute son énergie à la Voie du samouraï et ne rien chercher au-delà. Le même principe vaut pour l'idéogramme de « voie » (道). Pourtant, celui qui a étudié le confucianisme ou le bouddhisme trouvera peut-être que la Voie du samouraï n'est pas une « voie » raisonnable. Or ce n'est qu'après avoir étudié toutes les diverses « voies » que l'on est à même de comprendre ce qui est vraiment raisonnable. (Livre I.)

25. Le langage du temps de paix

Adopter en temps de guerre un langage rude et mâle qui s'accorde aux circonstances pour parler ensuite le langage de la paix, une fois celle-ci revenue, n'est pas le fait d'un samouraï. Il est essentiel au samouraï de maintenir une cohérence logique. La même valeur dont on témoigne par ses actions dans une époque de chaos, on se doit de la manifester dans ses paroles en temps de paix. Ce principe renforce la conviction exprimée au paragraphe 21, que les actes et les paroles d'un homme déterminent sa nature intime.

En toutes circonstances, le premier mot que prononce un samouraï est d'une importance extrême. À travers lui doit se manifester toute la valeur du samouraï. En temps de paix c'est dans les paroles que se montre la vaillance. Et même dans une époque de chaos et de destruction, il peut suffire d'un **mot** pour révéler une grande bravoure. On pourrait dire que ce mot est alors comme la fleur du cœur. (Livre I.)

26. Jamais un mot qui trahisse une faiblesse
Ce passage reprend le même principe que les paragraphes 21 et 25 ;

> Le samouraï ne doit jamais se plaindre, même dans la conversation banale. Il doit rester constamment sur ses gardes de peur de laisser échapper un mot de faiblesse. À partir d'un propos insignifiant prononcé par inadvertance, on risquerait de faire des conjectures sur sa nature profonde. (Livre I.)

27. Mépris pour les compétences techniques
Nous avons déjà évoqué ce point au paragraphe 24 :

> L'homme qui fonde sa réputation sur une compétence dans une technique particulière est un imbécile. Ayant commis la folie de concentrer son énergie sur un seul objet, il n'a acquis son excellence dans un domaine qu'en excluant toute autre préoccupation. Un tel individu ne peut servir de rien. (Livre I.)

28. Donner et recevoir des conseils moraux
L'un des traits les plus frappants de la société japonaise réside dans la relation hiérarchique qui assujettit les jeunes à leurs aînés, si bien qu'il n'y a aucune chance pour qu'une discussion égale s'instaure entre des gens d'âges différents. Ce trait marque les relations interprofessionnelles aujourd'hui comme dans le passé. Les jeunes gens qui ont accepté en rechignant les conseils de leurs aînés perdent toute chance d'en recevoir de nouveaux sitôt qu'ils sont eux-mêmes en âge d'instruire leurs cadets. Ainsi commence la stagnation spirituelle, une « artériosclérose » s'installe et il en résulte une résistance quasi générale à l'évolution de la société. Au Japon, paradoxalement, même à une époque récente, c'est seulement dans les périodes de chaos et de rupture qu'on a respecté les opinions de la jeunesse ; quand la

paix règne, on les ignore. Les Gardes Rouges de Chine ont fait courir un frisson stimulant dans la jeunesse japonaise moderne. De plus, ce n'est qu'exceptionnellement que les idées des jeunes sont maniées et mises en pratique avec suffisamment d'adresse pour profiter à l'ensemble de la société. Les désordres des Gardes Rouges sont un exemple de cette carence ; un autre exemple, c'est l'idéologie des jeunes officiers de l'armée japonaise entre le milieu des années trente et la Seconde Guerre mondiale, qui fut finalement mise au service d'objectifs politiques pervers. Une seule fois dans l'histoire moderne du Japon, les idées de la jeunesse ont ébranlé le bastion central de l'État, tout en contribuant à sa consolidation : ce fut lors de la Restauration de Meiji.

> Nombreux sont ceux qui donnent des conseils mais ceux qui les reçoivent avec reconnaissance sont bien rares. Et plus rares encore ceux qui les suivent. Dès qu'un homme a dépassé la trentaine, il n'est plus personne pour le conseiller. Et lorsque les conseils ne peuvent plus l'atteindre, le voilà qui devient entêté et égoïste. Le temps qu'il lui reste à vivre, il accumulera les maladresses et les sottises, jusqu'à l'irréparable. Il est donc indispensable de découvrir l'homme qui connaît ce qui est juste, de nouer de solides relations avec lui et de prendre conseil auprès de lui. (Livre I.)

Jōchō fait montre ici de son « réalisme » bien particulier. Car tout en donnant à son enseignement les dimensions imposantes du *Hagakuré*, il n'oublie pas que « ceux qui reçoivent les conseils avec reconnaissance sont bien rares ».

29. Harmonie et humilité

Ici, Jōchō se contredit à nouveau. Si profus dans son éloge de l'énergie, si excessif dans son approbation de l'excès, voici qu'assez curieusement, il chante les vertus de l'harmonie et de l'humilité.

... Lorsqu'on fait passer autrui avant soi-même et que, hors de toute jalousie ou esprit de concurrence, on se conduit selon l'étiquette, lorsque, avec humilité, on prend en considération les intérêts d'autrui même au risque de se léser soi-même, chaque nouvelle rencontre aura la qualité de la première et la relation ne se dégradera jamais. (Livre I.)

Au hasard des conseils pratiques que Jōchō nous donne, il lui arrive souvent de se contredire ainsi sans le moindre remords — et c'est là l'une des étranges séductions du *Hagakuré*.

30. L'âge

Jusqu'à la quarantaine, il vaut mieux que le samouraï ne se laisse pas emporter par sa sagesse ou par son jugement, mais plutôt qu'il se fie à ses capacités et à sa force. Plus il aura de force, meilleur il sera. Ceci peut dépendre des individus et de leur situation, mais même au-delà de quarante ans, un samouraï sera de peu de poids s'il manque de force de caractère. (Livre I.)

C'est de la force qu'il est ici question. La force, nous dit Jōchō, est tout quand on est jeune, mais même après quarante ans, on ne saurait s'en passer. L'humanité selon Jōchō a pour fondement l'idée de « force ».

Qu'est-ce que la « force » ? C'est ne pas se laisser égarer par la recherche de la sagesse. C'est ne pas s'abandonner à son jugement. Jōchō savait ce que c'était que de veiller patiemment, en laissant la sagesse et le jugement anéantir le désir d'action. Il avait vu bien des hommes atteindre l'âge du discernement en ayant perdu leur force, si bien que leur sagesse nouvellement acquise resterait stérile. C'est là un subtil paradoxe. Si l'on n'accède à la sagesse que vers quarante ans, pour la mettre à profit il faudra avoir conservé sa force. Ce n'est pas ce qui se passe pour la plupart d'entre nous. Et Jōchō nous met en garde contre ce danger.

31. L'adversité
Et voici qui est direct :

... Le samouraï qui se laisse gagner par la fatigue ou le découragement dans l'adversité n'est bon à rien. (Livre II.)

On ne doit pas perdre courage dans le malheur.

32. L'amour secret

Ma conviction est que la forme ultime de l'amour, c'est l'amour secret. Partagé, l'amour diminue de stature. Se consumer d'amour tout au long de sa vie, mourir d'amour sans avoir prononcé le nom chéri, là est la véritable signification de l'amour. (Livre II.)

Il est inhabituel de parler de la « stature » d'une émotion. L'Américain Donald Keene qui fait autorité en matière de littérature japonaise, commentant les suicides d'amour des pièces de Chikamatsu[1], a écrit quelque part que lorsque les amants partent pour leur *michiyuki*, leur ultime pèlerinage à la mort, l'accent et l'éclat de leurs paroles s'exaltent et les amants eux-mêmes semblent grandir. Ces deux êtres qui n'étaient jusque-là que d'obscurs habitants d'une ville, un homme et une femme pitoyablement empêtrés dans les problèmes matrimoniaux et financiers, les voilà qui prennent soudain la dimension gigantesque de héros tragiques.

L'amour est aujourd'hui devenu une idylle de pygmées. Sa stature est devenue insignifiante et l'amour non déclaré est bien rare. L'amour perd son envergure ; les amants n'ont plus le courage de surmonter les obstacles, ils perdent la passion révolutionnaire de transformer la morale sociale ; l'amour perd sa signification abstraite. L'amant ignore désormais et la joie d'avoir conquis son amour et le chagrin d'avoir échoué à la conquérir : il

---

1. Les suicides d'amour de Chikamatsu. Cf. note 1, p. 47.

s'est fermé à l'infinie diversité de l'émotion humaine et a perdu la capacité d'idéaliser l'objet de son affection. L'amour est relatif et si la stature de l'autre est amoindrie, on est soi-même amoindri d'autant. Une épidémie d'idylles de pygmées sévit aujourd'hui dans tout Tokyo.

33. L'épicurisme

Lorsque le roman *Marius the Epicurean* (Marius l'épicurien) de l'Anglais Walter Pater parut en traduction japonaise sous le titre *Marius l'hédoniste*, ce difficile roman philosophique devint, à la surprise générale, un best-seller de par le seul attrait qu'exerçait son titre sur les lecteurs. Racontant le développement spirituel d'un jeune aristocrate romain au moment de l'essor du christianisme, Pater se livre à une analyse poétique de la philosophie d'Épicure et montre comment l'évolution philosophique de son héros le conduit au christianisme. On qualifie souvent la philosophie d'Épicure d'hédoniste. En réalité, elle est extrêmement proche du stoïcisme. Supposons que vous ayez rendez-vous avec une fille et que vous passiez la nuit à l'hôtel avec elle. Le lendemain matin, quelque peu abattu, vous allez à la première séance de cinéma. Ce que vous éprouvez alors, contenant avec peine vos bâillements devant un film de série B, n'a plus grand-chose à voir avec un plaisir hédoniste. L'hédonisme consiste à imposer à son cœur un certain nombre de règles strictes et à ne jamais les enfreindre. La philosophie d'Épicure rejette l'hédonisme charnel, le plaisir qui conduit à la désillusion et la satisfaction qui dégénère en vide spirituel. La satisfaction est l'ennemie du plaisir et ne débouche que sur la désillusion. Épicure, de même que les philosophes de l'école de Cyrène, considère le plaisir comme le principe suprême d'une existence heureuse et vertueuse. Mais le but du plaisir est l'*ataraxie*, le calme divin auquel accède celui qui a renoncé à tout désir.

Il écarte la peur de la mort, qui risquerait de compromettre le plaisir ainsi conçu : tant que nous vivons, la mort ne nous concerne pas ; lorsque nous sommes morts, nous n'existons pas ; il n'existe donc aucune raison de redouter la mort. On voit ici le lien qui unit la philosophie d'Épicure et l'hédonisme de Jōchō Yamamoto. Derrière sa philosophie de la mort, il est clair que celui-ci cache un stoïcisme comparable à celui d'Épicure.

En dernière analyse, la seule chose qui compte, c'est la résolution dont on fait preuve à chaque moment. La vie entière du samouraï est une suite continue de résolutions prises. Lorsqu'il a compris cela, il n'a plus a éprouver aucune impatience, il n'a plus rien à attendre qui dépasse chaque moment. Il n'a qu'à rester concentré sur sa résolution. Mais les gens ont tendance à oublier cela et à s'imaginer qu'il existe autre chose d'important. Rares sont ceux qui voient la vérité. Il faut de nombreuses années pour apprendre à suivre sans défaillance sa résolution. Mais une fois qu'on s'est élevé à cette conscience, même si ce n'est pas une pensée claire, la résolution ne change plus. Celui qui s'est pénétré parfaitement d'une résolution unique, il est bien rare qu'il s'égare. C'est en cela que consiste la loyauté envers ses propres convictions. (Livre II.)

34. Le passage du temps
Ici encore le *Hagakuré* manque manifestement de cohérence. Tout en se lamentant sur la décadence qui marque son époque et sur la dégénérescence des jeunes samouraïs, Jōchō observe avec réalisme le passage du temps et formule cette remarque pénétrante que de résister inconsidérément au cours du temps n'aboutit jamais à des résultats valables.

Le climat d'une époque est inaltérable. La dégradation continue de la situation prouve que nous sommes entrés dans le dernier stade de la Loi[1]. Or, le printemps ou l'été

1. Les derniers jours de la Loi. Selon la doctrine bouddhiste, après la

ne peuvent durer toujours ni le jour luire constamment. Il
est donc vain de vouloir rendre l'époque actuelle pareille au
bon vieux temps d'il y a un siècle. L'important est de faire
en sorte que chaque époque soit aussi bonne qu'elle peut
l'être compte tenu de sa nature. L'erreur de ceux qui ont
toujours la nostalgie des mœurs passées tient à leur méconnaissance de cette vérité. En revanche, ceux qui n'apprécient que ce qui est au goût du jour et méprisent le démodé
sont bien superficiels. (Livre II.)

35. Valeur militaire du samouraï I

Il faut former les jeunes gens à la valeur militaire en
sorte que chacun d'eux ait la certitude d'être le guerrier le
plus expert et le plus brave du Japon tout entier. En contrepartie, le jeune samouraï doit juger quotidiennement son
exactitude à observer la discipline et remédier rapidement
à toute insuffisance qu'il constate. Si l'on ne prend pas ainsi
en considération les deux aspects de la valeur du samouraï,
on n'aboutit nulle part. (Livre II.)

36. Valeur militaire du samouraï II

Le samouraï doit tirer un grand orgueil de sa valeur militaire ; sa résolution suprême doit être de mourir en fanatique... (Livre II.)

37. A nouveau, le nihilisme

Le nihilisme de Jōchō engendre un univers d'extrêmes. Tout en exaltant l'énergie humaine et l'action pure,
Jōchō considère comme futiles leurs résultats.

Après y avoir songé longtemps, il m'est venu l'idée que
l'être humain est une marionnette très habilement conçue.
Sans qu'aucun fil la soutienne, elle peut marcher, sauter et
même parler — quelle merveille d'ingéniosité ! Et pourtant,

---

mort du Bouddha historique, le monde doit se dégrader au cours de trois
stades successifs. Le dernier, désigné en japonais sous le nom de Mappō, la fin
de la Loi, est censé s'étendre sur dix mille ans, durant lesquels l'enseignement
du Bouddha cesse d'être entendu.

d'ici à la prochaine fête des Lanternes[1], il se peut qu'il meure et revienne nous hanter. Futilité que cette existence ! Les gens ont toujours l'air de l'oublier. (Livre II.)

38. Des cosmétiques

Je ne sais combien de fois j'ai cité ce passage. Il arrive qu'on se réveille avec mauvaise mine du fait de quelque excès commis la veille. On a alors intérêt à s'appliquer un peu de rouge sur les joues. La citation du *Hagakuré* qu'on lira ci-dessous et qui conseille aux samouraïs d'utiliser les fards choquera ceux qui se font une idée simpliste de la Voie du samouraï. Elle évoquera pour eux la jeunesse efféminée qui apporte tant de complaisance à sa tenue. Même pendant la période Taishō (1913-1925), fit rage une certaine « crème pompéienne » avec laquelle les jeunes gens d'alors se maquillaient le visage.

Mais nous sommes loin de ce qu'entend Jōchō lorsqu'il parle de « rouge ». Les hommes doivent avoir un teint de fleur de cerisier, même dans la mort. Pour se préparer au suicide rituel, il était d'usage de s'appliquer du rouge sur les joues afin de ne pas perdre, une fois mort, les couleurs de la vie. La morale qui veut qu'on ne s'expose pas à la honte devant son ennemi exige que l'on s'embellisse juste avant la mort en prenant soin de conserver l'aspect vigoureux de la vie. Combien il est plus important encore lorsqu'on est en vie et que la morale sociale est tout entière tournée vers les apparences, de masquer son visage abattu de samouraï qui a trop bu la veille, fût-ce en se passant du rouge. En ce passage clé, la philosophie des apparences cultivée par Jōchō rejoint l'esthétique. C'est que l'esthétique porte par essence sur les apparences. Et tout comme les Grecs

---

[1]. La fête des Lanternes. Traditionnellement célébrée le 15 juillet, cette fête est marquée par des offrandes de nourriture sur les tombes et sur les autels du Bouddha et par des divertissements destinés aux esprits des ancêtres revenus sur la terre à cette date pour une brève visite.

de l'Antiquité associaient l'esthétique et l'éthique, la morale selon le *Hagakuré* est déterminée par l'esthétique. Ce qui est beau doit être fort, brillant et débordant d'énergie. Tel est le premier principe ; le second, c'est que ce qui est moral doit être beau. Cela ne signifie pas qu'on doive apporter un soin excessif à son costume au point d'avoir l'air efféminé. Il s'agit plutôt d'instaurer entre la beauté et l'idéal moral la plus grande tension possible. Se farder pour dissimuler une indisposition se relie directement à la tradition du maquillage précédant le suicide rituel.

> On devrait toujours avoir sur soi du fard et de la poudre. Il peut arriver qu'on se réveille indisposé par quelque excès fait la veille et qu'on ait mauvaise mine. Il faut alors recourir au fard. (Livre II.)

39. L'art de tenir une assemblée

Je me suis laissé dire qu'en Chine, depuis l'Antiquité, il est de tradition de ne réunir une assemblée qu'après avoir obtenu de chaque participant attendu un accord sur le problème à débattre, de sorte que, lors de la réunion, un consensus se dégage. Aux Japonais, qui n'ont pas cette habitude, Jōchō donne ici quelques conseils de sagesse politique.

> Lorsque vous devez procéder à une consultation, commencez par vous entretenir avec chacune des personnes concernées avant de réunir les gens dont vous avez besoin de connaître l'avis, puis décidez. Sinon, il se trouvera toujours quelqu'un pour vous reprocher cette décision. De même, lorsqu'il se tient une conférence importante, il est souhaitable de consulter en secret les personnes qui ne sont pas directement concernées. Leur intérêt personnel n'étant pas en jeu, elles auront souvent l'idée de la solution la plus judicieuse. Si vous consultez les gens impliqués dans l'affaire, ils seront portés à vous donner un avis qui favorise leurs intérêts. Or un tel avis n'est pas très utile. (Livre II.)

40. Le Shinto

On estime que l'antique idée shintoïste de la souillure est directement opposée à la Voie du samouraï. Il existe toutefois une théorie selon laquelle l'eau purificatrice du Shinto a été remplacée, dans le *bushidō* — la « Voie du guerrier » —, par la mort. Le Shinto évite la souillure résultant du contact avec la mort ou le sang, mais quand un samouraï entre sur le champ de bataille, les cadavres et le sang s'amoncellent inévitablement autour de lui. Dans *Le Cordon gemmé (Tamadasuki)* de Atsutané Hirata, maître des études nationales à la fin de la période d'Edo[1], sont énumérées des règles détaillées pour se garder de la contamination. Par exemple, pour éviter la souillure due à la mort, on doit se tenir en deçà du seuil de la pièce où un mort a été exposé. Autre exemple : « Le pus et les saignements sont des formes de pollution. Dans le cas d'hémorroïdes, de saignements de nez, etc., il convient de se purifier en procédant à des ablutions et en faisant un pèlerinage à un sanctuaire. » Un samouraï ne pouvait pas toujours se conformer à de tels préceptes shintoïstes. Il est donc assez vraisemblable qu'ils aient remplacé par la mort l'eau qui purifie de toutes ces souillures.

Pourtant, ce n'est pas une telle attitude de compromis qu'adopte Jōchō à l'égard du Shinto.

« Si les dieux, écrit-il, sont d'une essence telle qu'ils restent sourds à mes prières pour la seule raison que j'ai reçu la souillure du sang, je sais que je n'y peux rien, aussi continué-je à leur rendre mes devoirs sans tenir compte de la souillure. » Dans sa volonté de rester fidèle à la Voie du samouraï, Jōchō rejette énergiquement les interdits shintoïstes. Le désir de l'action violente lui fait

---

1. Atsutané Hirata (1776-1843). L'un des maîtres des Études nationales dans la dernière période d'Edo. Disciple de Norinaga Motoori. Orienta les Études nationales dans un sens ultranationaliste et affirma la suprématie du shintoïsme sur les autres religions.

ainsi fouler aux pieds l'idée japonaise traditionnelle de la souillure.

> On a beau dire que les dieux détestent la souillure, j'ai ma propre idée sur la question. Je ne néglige jamais les devoirs quotidiens du culte. Sur le champ de bataille même, lorsque, tout éclaboussé de sang, je trébuche sur des cadavres, je crois dans l'efficacité des prières par lesquelles je demande aux dieux la victoire et une longue vie. Si les dieux sont d'une essence telle qu'ils restent sourds à mes prières pour la seule raison que j'ai reçu la souillure du sang, je sais que je n'y peux rien, aussi continué-je à leur rendre mes devoirs sans tenir compte de la souillure. (Livre II.)

41. *L'épicurisme, à* nouveau

Ainsi que je l'ai dit plus haut, la philosophie du *Hagakuré* comporte un précepte essentiel qui à la fois contredit et renforce la célèbre formule « J'ai découvert que la Voie du samouraï, c'est la mort. »

> La vie humaine ne dure qu'un instant. Passons-le donc à faire ce qui nous plaît. En ce monde fugace comme un songe, c'est folie que de vivre misérablement, adonné aux seules choses qui nous rebutent. C'est là un secret de métier qui risque de s'avérer nuisible si on l'interprète mal et que j'ai donc décidé de ne pas transmettre aux jeunes gens. J'aime à dormir. Face à la situation actuelle du monde, je pense que je vais rester chez moi et dormir. (Livre II.)

42. *La tension*

Le passage suivant n'est pas sans rapport avec le précédent. L'homme qui, au nom d'un idéal moral, s'efforce constamment de vivre en beauté et qui considère la mort comme le critère ultime de cette beauté, vivra jour après jour dans une tension continuelle. Jōchō, aux yeux de qui la paresse est le vice suprême, a découvert un mode de vie quotidienne dans lequel la tension n'offre jamais la moindre rémission ; c'est la lutte au sein même de la banalité de tous les jours. Voilà le métier du samouraï.

La dignité d'un homme se mesure à l'impression qu'il fait. Il y a de la dignité dans l'assiduité et dans l'effort. Il y a de la dignité dans la sérénité. Il y a de la dignité dans l'expression réservée des lèvres. Il y a de la dignité dans la rigueur avec laquelle on observe l'étiquette. Il y a de la dignité dans la justesse constante de la conduite. Il y a beaucoup de dignité également dans des dents serrées et des regards fulgurants. Ce sont toutes là des qualités extérieurement visibles. L'essentiel est de se concentrer sur elles en toutes circonstances et de les manifester avec une totale sincérité. (Livre II.)

43. La dignité

À la lecture de ce passage, on peut se demander : qu'est-ce que la dignité ? La dignité est la manifestation extérieure d'une fierté inviolable ; c'est ce qui fait qu'un homme est un homme. C'est la ferme détermination de mourir plutôt que d'être méprisé. Dans les relations sociales, une telle attitude amène inévitablement les autres à garder leurs distances. Dans une certaine mesure, Jōchō nous conseille de faire partie des gens que les autres n'approchent pas facilement.

Le seigneur du *han*, les Grands Anciens et les Anciens doivent garder leurs distances afin de mener à bien leurs tâches importantes. Il est difficile de faire quoi que ce soit si l'on est constamment suivi d'une nuée de parasites. N'oublions pas cela. (Livre II.)

44. L'égotisme

L'égoïsme diffère de l'égotisme. Pourvu qu'on ait de la fierté et des principes élevés, peu importe ce que l'on dit ou fait. On s'interdit de dire du mal des autres, mais on n'a pas non plus pour habitude de les couvrir de louanges. Le samouraï farouchement attaché à son indépendance est l'idéal du *Hagakuré*.

Il est mauvais de dire du mal des autres. Il est également malséant de les louer. Le samouraï doit connaître sa propre stature, cultiver sa discipline avec constance et parler aussi peu que possible. (Livre II.)

45. *Les efféminés*

Si j'en crois mon gendre Gonnojō, les jeunes hommes d'aujourd'hui deviennent efféminés. Notre époque qualifie de vertueux les gens de bonne compagnie, les gens amènes, les gens qui ne vous causent pas de désagrément, les gens aimables, si bien que la passivité envahit tout et que la force de volonté n'a plus de valeur... (Livre II.)

Notre époque est celle « des hommes agréables et des femmes énergiques ». De quelque côté qu'on se tourne, il est certain que les hommes charmants ne manquent pas. Nous sommes environnés par un type d'hommes gentils, aimés de tous, jamais rudes, débordants de bonne volonté pour faire régner l'harmonie à tout prix et, en profondeur, froidement opportunistes. C'est cela que le *Hagakuré* entend par caractère efféminé. La beauté selon le *Hagakuré* n'est pas celle qui fait qu'on est aimé. C'est une beauté qui tient à la force, une beauté que l'on cultive pour les apparences, pour ne pas perdre la face. Le caractère efféminé commence lorsqu'on s'efforce d'être beau afin d'être aimé. C'est un cosmétique spirituel. À notre époque qui enrobe de sucre jusqu'aux médicaments, les gens n'acceptent que ce qui flatte le goût et se mâche facilement. Aujourd'hui comme au temps de Jōchō aller à contre-courant s'impose.

46. *L'attitude juste dans les relations personnelles*
Ici Jōchō qui, ailleurs, a prêché la sincérité dans les relations personnelles, insiste sur la nécessité de préserver sa dignité. Dans les deux cas Jōchō manifeste le réalisme inflexible de ses observations.

... En règle générale, on ne doit pas rendre visite aux gens sans avoir été invité. L'amitié véritable est vraiment rare. Même lorsqu'on a été invité, une visite est souvent décevante... (Livre II.)

47. *L'orgueil*
Ce passage se passe de commentaire.

Quelqu'un a dit un jour : « Il existe deux sortes d'orgueil, l'orgueil intérieur et l'orgueil extérieur. Le samouraï qui ne possède pas les deux n'est bon à rien. » On peut comparer l'orgueil à la lame d'une épée : il faut l'aiguiser avant de la remettre au fourreau. De temps à autre, on l'en retire, on l'élève à hauteur des yeux, on l'astique et on la rengaine. Le samouraï qui brandirait constamment son épée nue serait inabordable et n'aurait pas d'amis. En revanche, l'épée qui resterait toujours au fourreau, ternirait, rouillerait et plus personne ne la prendrait au sérieux. (Livre II.)

48. *Les bienfaits du temps*
Jōchō observe la condition humaine avec le détachement glacé d'un nihiliste et d'un réaliste. Il sait bien que la vie est aussi fugace qu'un songe mais il sait aussi que le destin des êtres humains est de continuer à croître et à mûrir, que cela leur plaise ou non. La nature veut que le temps s'infiltre dans les êtres pour nourrir en eux quelque germe. Le samouraï qui n'est pas confronté à sa dernière heure aujourd'hui, qui ne parvient pas à mourir aujourd'hui, il lui faut bien continuer à vivre, épargné jusqu'au lendemain.

Atteignant l'âge relativement avancé de soixante et un ans, Jōchō a dû éprouver douloureusement la cruauté du temps. D'un certain point de vue, que l'on meure à vingt ou à soixante ans, la vie n'est toujours qu'un feu de paille. Mais d'un autre point de vue, le temps accorde à la longévité le bénéfice d'une sagesse sereine et d'une connaissance pénétrante de la vie auxquelles celui qui meurt à vingt ans n'aura jamais eu accès. C'est ce que Jōchō appelle « servir ». Comme je l'ai expliqué plus

haut, Jōchō, dont la seule préoccupation était de servir
valablement son daimyo, prônait une philosophie émi-
nemment pratique sans pour autant taire sa vision nihiliste du caractère éphémère de l'existence. Il dit : « Si
seulement vous prenez bien soin de votre santé, vous
finirez par réaliser votre plus vif désir : servir valablement votre daimyo. » Phrase qui n'est guère typique du
Hagakuré. Pour Jōchō, prendre soin de sa santé signifie
maintenir en son cœur la résolution de mourir et être
disponible à tout instant pour combattre dans les meil-
leures conditions physiques possibles ; cela signifie dé-
border de force vitale et maintenir constamment la plé-
nitude de son énergie. De sa philosophie de la mort,
Jōchō tire ainsi des implications qui la transforment en
une philosophie de la vie mais dévoilent en même temps
un nihilisme encore plus profond.

Il est arrivé à tout le monde d'échouer dans quelque entreprise importante pour s'être montré impatient. Celui qui ne
craint pas de manquer de temps sera en mesure de satisfaire
ses désirs plus vite. Disons simplement que son temps viendra.
Essayez d'imaginer un instant ce que seront les choses dans
quinze ans d'ici. Il est probable que tout aura changé. Des
gens ont écrit ce qu'on appelle des « récits d'anticipation »,
mais ils ne prédisent apparemment rien qui présente une différence frappante avec aujourd'hui. De tous les hommes valables qui sont en activité maintenant, il n'en restera sans doute
pas un seul de vivant dans dix ans. Même des jeunes gens, il
ne restera probablement que la moitié. Le monde va en empirant. Que l'or vienne à manquer, l'argent devient précieux ;
que l'argent disparaisse, et c'est le cuivre qui n'a plus de prix.
Avec le temps, les capacités humaines décroissent, aussi celui
qui mobilise toute son énergie dans l'effort sera devenu, en
quinze années de temps, un samouraï valable. Et comme
quinze années passent aussi vite qu'un rêve, si seulement vous
prenez bien soin de votre santé, vous finirez par réaliser votre
plus vif désir : servir valablement votre daimyo. Dans une
époque de héros, il est difficile de se faire un nom. Dans un
monde qui se dégrade, il est relativement facile d'exceller. (Livre II.)

Comment lire le Hagakuré

LA REPRÉSENTATION JAPONAISE DE LA MORT

> *Je découvris que la Voie du samouraï, c'est
> la mort. Si tu es tenu de choisir entre la mort et
> la vie, choisis sans hésiter la mort. (Livre I.)*

C'est pendant la guerre, à la saison de mort, qu'on a lu le *Hagakuré*. À cette époque, un roman de Paul Bourget intitulé *La Mort* faisait fureur et on recommandait énergiquement aux jeunes hommes qui partaient à la guerre de lire le *Hagakuré* pour affermir leur détermination.

À présent, si tant est qu'on lise encore le *Hagakuré*, j'ignore dans quel esprit on l'aborde. J'imagine que les raisons qu'on peut avoir de le lire, s'il en existe encore, sont à l'opposé de celles qui prévalaient pendant la guerre. Notre incapacité à mourir accumule en nous une frustration qui grossit vite. Tous nos besoins sont comblés à l'exception de la mort, qui demeure notre seul désir insatisfait. Qu'importe la façon dont on l'embellit, la mort existe et resserre peu à peu son emprise sur nous.

Les jeunes gens aspirent à la mort, mais abstraitement. Quant aux hommes qui ont atteint le milieu de leur vie, plus ils disposent de temps, plus ils en passent à se tourmenter dans la peur du cancer. Et le cancer est une mise à mort plus cruelle que n'oserait en commettre aucun pouvoir.

De tout temps, sous la surface du quotidien, la conscience de la mort a marqué le peuple japonais de son empreinte sinistre. Mais la conception japonaise de la mort est directe et claire ; elle diffère en cela de la mort effrayante et hideuse que se représentent les Occidentaux. Jamais n'a existé dans l'imagination japonaise un dieu de la mort comparable à celui de l'Europe médiévale, le Temps, avec sa grande faux. L'image japonaise de la mort diffère également de celle d'un pays comme le Mexique, dont les villes modernes restent hantées par les ruines aztèques et toltèques, totalement conquises par la mort et envahies par la végétation luxuriante de l'été. L'image qui a longtemps enrichi l'art japonais n'est pas celle d'une telle mort, rude et sauvage, mais celle d'une mort par-delà laquelle jaillit une source pure qui ruisselle constamment sur notre monde en minces filets purificateurs.

La mort selon le Hagakuré *et la mort des commandos-suicides de Kamikaze*

Nous avons appris de l'Occident bien des philosophies de la vie. Mais, en fin de compte, nous ne pouvions nous satisfaire des seules philosophies de la vie. De même, nous avons été incapables d'assimiler la philosophie bouddhiste, avec sa conception paralysante du péché et du karma, selon laquelle chacun naît et renaît éternellement.

La mort, pour Jōchō, a l'éclat étrange, vif et frais du ciel bleu entre les nuages. Sous une forme modernisée, elle s'applique étonnamment bien aux Kamikaze, dont on a pu dire que les attaques avaient constitué la forme de combat la plus tragique qu'ait connue la dernière guerre. On a qualifié ce mode d'attaque d'absolument inhumain et après la guerre on a déshonoré les jeunes hommes qui étaient morts dans ces conditions. Or, l'esprit dans lequel ces jeunes hommes se précipitaient vers une mort certaine pour le salut de leur patrie est ce que la longue histoire du Japon offre de plus proche du clair idéal d'action et de mort proposé par le *Hagakuré*, encore que si on examinait leurs motifs individuels, on constaterait certainement qu'ils n'étaient pas exempts de craintes et de faiblesses. Certains diront, je le sais, que les pilotes Kamikaze, en dépit de leur dénomination sonore, ont été poussés de force à la mort. Et il est certain que ces jeunes gens qui n'avaient pas encore quitté l'école furent contraints par les autorités de la nation à aller au-devant de leur mort contre leur volonté. Et même s'ils le firent de leur plein gré, c'est presque sous la contrainte qu'ils furent groupés en unités d'assaut et envoyés à une mort certaine. Tout cela est certainement vrai.

Il n'y a pas lieu de distinguer entre la mort délibérément choisie et la mort imposée

S'il en est ainsi, la mort dont parle Jōchō se situe-t-elle à l'opposé — s'agit-il de la mort par choix ? Je ne le pense pas. Jōchō commence par proposer la mort comme choix possible et il nous presse de prendre la décision de mourir. Mais sous la surface de cet homme qui se vit interdire le suicide à la mort de son daimyo, le nihilisme a laissé des marques profondes après que la mort se fut éloignée en l'abandonnant. Si l'homme n'est pas parfaitement libre de choisir la mort, elle ne peut pas non plus lui être totalement imposée. Même dans le cas de la peine capitale, forme extrême de la mort imposée, si le condamné s'efforce de résister spirituellement à

la mort, celle-ci n'est plus purement et simplement
imposée. Même la mort par la bombe atomique, mort
contrainte, irrésistible, fut, pour les victimes, une mort
par destin. Nous sommes incapables de regarder la mort
en face avant d'être pris entre le destin et notre propre
choix. Mais en son essence ultime, toujours la mort
recèle un combat obscur entre la liberté de l'homme et
un destin qui le dépasse. Il peut sembler parfois que la
mort d'un homme résulte de sa propre décision — un
suicide, par exemple. Parfois, la mort paraît totalement
imposée. C'est le cas de la mort sous un bombarde-
ment.

Mais même le suicide, qui est apparemment la manifestation ultime du libre arbitre, laisse, dans le processus
même qui rend la mort inévitable, un rôle au destin, sur
lequel personne n'a de prise. Et même dans le cas d'une
mort apparemment naturelle, telle qu'une mort par
suite de maladie, il n'est pas rare que la genèse de cette
maladie la fasse ressembler autant à une mort délibérément voulue que s'il s'agissait d'un suicide. Les conditions dans lesquelles nous pouvons décider de mourir,
comme nous y invite le *Hagakuré*, ne se présentent pas
toujours à nous de façon claire et distincte. L'ennemi
surgit, on le combat et, le choix s'offrant de vivre ou de
mourir, on décide de mourir : une situation aussi simple
ne se présente pas toujours, pas davantage en un temps
où il n'existait pas d'arme plus terrible que le sabre japonais. La preuve c'est que Jōchō lui-même a survécu
jusqu'à soixante et un ans.

En d'autres termes, personne n'a le droit de dire à
propos du *Hagakuré* et des commandos-suicides que
dans un cas la mort est délibérément choisie et que dans
l'autre, elle est imposée. Cette distinction n'a de sens que
dans la réalité poignante et glacée d'un individu
confronté à sa mort ; c'est la question qui se pose à l'esprit humain dans sa tension la plus extrême.

Peut-on mourir pour une juste cause ?

Il nous faut maintenant nous attaquer au problème le
plus difficile que soulève la mort. La mort juste, la mort
que l'on choisit au nom d'une cause que l'on a elle-
même choisie, une telle mort peut-elle exister réellement ? Actuellement, bien des jeunes gens affirment
qu'ils ne veulent pas mourir dans une guerre injuste,
comme la guerre du Viêt-nam, mais que si on leur
demandait de donner leur vie à une cause nationale
juste, ou bien pour le salut de l'humanité, ils marche-
raient allégrement à la mort. Une telle attitude est en
partie imputable à l'éducation d'après la guerre, et plus
particulièrement à l'idée qu'on ne doit pas répéter l'erreur de ceux qui, pendant la guerre, sont morts pour des
objectifs nationaux erronés et que dorénavant on doit
juger par soi-même de la justesse d'une cause avant de
donner sa vie pour elle.

Mais aussi longtemps que l'existence des êtres humains se déroulera dans le cadre d'une nation, pour-
ront-ils réellement se limiter à des objectifs justes ? Et
même si on ne considère pas la nation comme la condition préalable de toute existence, même si on place
l'existence individuelle au-dessus de la nation, aura-t-on
chance de décider de mourir pour une cause juste au
nom de l'humanité ? Ici on rencontrera toujours l'écart
qui sépare l'absolu de la mort de la relativité de la justice
qui n'est qu'une idée humaine. Et la justesse des buts
pour lesquels nous mourons aujourd'hui, dans une dé-
cennie ou dans plusieurs, dans un siècle où même dans
deux, sera peut-être soumise à révision et condamnée
par l'histoire. Le byzantinisme et l'outrecuidance du
jugement moral de l'homme relève, pour le *Hagakuré*,

d'un ordre de réalité qui n'a rien à voir avec celui de la mort. En dernier ressort, nous ne pouvons choisir la mort. C'est pourquoi Jōchō nous presse d'opter pour la mort lorsque nous sommes mis en demeure de choisir. Le *Hagakuré* ne dit assurément pas que cela revient à choisir la mort ; nous ne disposons pas de critère permettant de choisir la mort. Le fait que nous soyons en vie peut signifier que nous avons été choisis pour quelque dessein, et si la vie n'est pas quelque chose que nous ayons choisi pour nous-mêmes, peut-être, en dernière analyse, ne sommes-nous pas libres de mourir.

La mort n'est jamais vaine

Et qu'est-ce donc que cela signifie, pour un être vivant, que d'être confronté à la mort ? Pour le *Hagakuré*, ce qui importe c'est la pureté de l'action. Jōchō valide la violence et le pouvoir de la passion et il valide également toute mort passionnée. C'est cela qu'il entend lorsqu'il dit que qualifier de vaine une mort relève de « l'esprit calculateur des arrogants marchands d'Osaka ». L'affirmation la plus importante de Jōchō concernant la mort, « je découvris que la Voie du samouraï, c'est la mort », tranche d'un seul coup de sabre le nœud gordien, la relation antinomique entre la vie et la mort.

> À en croire certains, mourir sans avoir accompli sa mission, ce serait mourir en vain. C'est là une contrefaçon de l'éthique samouraï, qui trahit l'esprit calculateur des arrogants marchands d'Osaka. Dans une telle situation [où la vie et la mort s'offrent à égalité de chances], il est presque impossible de faire le juste choix.

Accomplir sa mission signifie, en termes modernes, mourir justement pour une cause juste ; et le *Hagakuré* affirme que, lorsqu'on a la mort en face, on est dans l'impossibilité absolue d'évaluer la justesse de la cause.

« Tous nous préférons vivre. Rien de plus naturel, donc, dans une situation de ce type, que de chercher une excuse pour survivre. » L'être humain n'est jamais à court d'excuses. Et l'être humain, du seul fait qu'il est en vie, se doit d'inventer une théorie quelconque. Le *Hagakuré* se contente d'exprimer cette opinion relativiste que plutôt que de survivre dans la peau d'un lâche ayant failli à sa mission, mieux vaut mourir. Le *Hagakuré* n'affirme aucunement qu'en mourant **on ne** saurait faillir à sa mission. Là réside le nihilisme de Jōchō Yamamoto et là réside également l'idéalisme ultime qu'engendre son nihilisme.

Nous nous réfugions dans l'illusion que nous sommes capables de mourir au nom d'une croyance ou d'une théorie. Ce que nous dit le *Hagakuré*, c'est que même une mort sans gloire, une mort futile qui ne porte ni fleur ni fruit, a une dignité en tant que mort d'un être humain. Si nous plaçons si haut la dignité de la vie, comment ne pas placer aussi haut la dignité de la mort ? La mort ne peut jamais être qualifiée de futile.

SAGESSE DU *HAGAKURÉ*

Choix de textes

Introduction — Paisibles entretiens dans l'ombre de la nuit

Le suivant d'un daimyo doit être profondément versé dans la connaissance de l'histoire et de la tradition du domaine. De nos jours on traite avec dédain le samouraï qui s'applique à l'étude. Le sens de cette étude est de se familiariser avec les origines de la maison du daimyo et de graver dans sa mémoire le chemin qui a conduit cette maison à la fortune à travers les épreuves et les tribulations de nos ancêtres et grâce à leurs bienfaits... Katsushige, premier daimyo de Nabeshima, déclara un jour : « Par ces temps de paix, les façons du monde tournent à l'ostentation et à l'extravagance. Au train où nous allons, les arts martiaux finiront par tomber en désuétude, l'arrogance prévaudra, une défaillance en entraînera une autre, les puissants comme les faibles connaîtront la gêne, le domaine se déconsidérera à l'intérieur comme à l'extérieur et, finalement, ce sera la ruine certaine de notre maison. Lorsque j'observe nos gens, je ne vois que des vieillards mourants et des jeunes gens qui mettent toute leur énergie à suivre les courants de l'époque. Si je relatais ces faits et léguais cet écrit à notre maison en guise d'enseignement pour la postérité, peut-être des jeunes gens le liraient-ils et acquerraient-ils quelque no-

tion des traditions fondamentales de notre domaine ».
Katsushige écrivit plusieurs ouvrages et passa
son existence enfoui dans les vieux bouts de papier. Ce
qui concerne les traditions secrètes, je n'ai, bien sûr,
aucun moyen de le connaître, mais les vieux samouraïs
m'ont affirmé que l'art militaire du *kachikuchi* (la voie de
la victoire assurée) s'est transmis oralement d'une génération de daimyo à l'autre. Dans sa bibliothèque, Katsushige conservait plusieurs livres importants renfermant
des connaissances rares et destinés à être mis en circulation. On dit en outre qu'il avait consigné dans un élégant
cahier de papier glacé des indications concernant les
coutumes et les pratiques de sa maison et de diverses
institutions qui en dépendent, et des instructions tou-
chant les relations de certaines fonctions officielles avec
le gouvernement central et une description précise des
attributions dévolues à chaque charge. C'est grâce à son
travail prodigieux et inappréciable que la maison fut
longtemps prospère. Avec tout le respect qui lui est dû,
souhaitons que l'actuel daimyo garde en mémoire les
épreuves et les tribulations du fondateur du *han*, Naoshige, et du premier daimyo, Katsushige, et jette au
moins un regard attentif aux livres qui lui ont été transmis. Depuis sa naissance, il n'a vu autour de lui que des
gens qui l'appellent « Jeune Maître » et se prêtent à tous
ses caprices ; il a grandi à l'abri de toutes les épreuves et
dans une ignorance totale de nos traditions, égoïste et
volontaire. Jamais il ne se consacre à ses devoirs ; il préfère rechercher constamment la nouveauté pour la nouveauté. Il en résulte qu'à l'intérieur du domaine tout se
dégrade. En des temps comme celui-ci, des ignorants qui
rivalisent entre eux de prétendue sagesse s'ingénient à
inventer des moyens toujours différents de capter la
faveur du daimyo et de s'immiscer dans les affaires du
han. Ils ne font que leur bon plaisir... J'ai pris la mesure
de la situation et j'ai décidé de payer ma dette de grati-

tude à la Maison Nabeshima en me rendant utile en ces temps de décadence. Si mon effort agrée, je n'en abandonnerai que plus complètement tout intérêt personnel et vouerai ma vie au domaine auquel j'appartiens ; mais même si on fait de moi un ronin et si on m'ordonne le suicide rituel, j'obéirai calmement, considérant que cela relève simplement de mon service de samouraï. Du fond même des montagnes où je suis retiré, du fond même de la tombe, et si souvent que je meure pour renaître encore, la résolution de servir la Maison Nabeshima est pour moi la première résolution d'un samouraï de Nabeshima et c'est ma raison de vivre. C'est là, je l'imagine, une attitude qui peut surprendre, de la part d'un homme qui s'est rasé le crâne et qui s'est retiré du monde, mais je n'ai jamais aspiré à l'état de Bouddha. Même si je devais mourir et renaître sept fois, je n'attendrais ni ne désirerais rien de plus que d'être un samouraï Nabeshima et de me donner entièrement au *han*. En un mot, seule est nécessaire au samouraï Nabeshima la volonté énergique de se considérer comme entièrement responsable de la maison régnante de son *han*. Nous sommes tous des êtres humains. Pourquoi tel homme serait-il inférieur à tel autre ? Le talent et l'apprentissage sont inutiles à qui n'a pas une inébranlable confiance en soi. Et l'apprentissage équivaut à rien si on ne le fait pas servir à la paix et à la prospérité de la maison régnante. Une telle résolution, pourtant, comme de l'eau dans une bouilloire, refroidit aussi vite qu'on l'a échauffée. Il existe, bien sûr, un moyen de l'empêcher de refroidir. Ma méthode consiste dans les quatre vœux que voici : 1) Ne jamais faiblir sur la Voie du Guerrier ; 2) Servir valablement son seigneur lige ; 3) Observer la piété filiale ; 4) Être compatissant et secourable à tous les êtres humains.

Celui qui, chaque matin, prie les dieux et les bouddhas de l'aider à tenir ces quatre engagements verra sa force doubler et ne retombera pas dans ses erreurs passées.

Pareil à la chenille, il avancera lentement. Même les dieux et les bouddhas font des vœux de cette sorte.

Le caractère chinois *gen* (幻) se lit en japonais *maboroshi* et signifie « illusion ». En japonais, on appelle les magiciens indiens *genshutsushi*, c'est-à-dire « illusionnistes » (幻 出 師). En cette vie, les êtres humains sont comme des marionnettes. C'est pourquoi on utilise le caractère *gen* pour suggérer l'« illusion » du libre arbitre.

Le Hagakuré, *Livre I*

Je découvris que la Voie du samouraï, c'est la mort

Je découvris que la Voie du samouraï, c'est la mort. Si tu es tenu de choisir entre la mort et la vie, choisis sans hésiter la mort. Rien n'est plus simple. Rassemble ton courage et agis. À en croire certains, mourir sans avoir accompli sa mission, ce serait mourir en vain. C'est là une contrefaçon de l'éthique samouraï, qui trahit l'esprit calculateur des arrogants marchands d'Osaka. Dans une telle situation, il est presque impossible de faire le juste choix. Tous, nous préférons vivre. Rien de plus naturel, donc, dans une situation de ce type, que de chercher une excuse pour survivre. Mais celui qui choisit de continuer à vivre alors qu'il a failli à sa mission, celui-là encourra le mépris qui va aux lâches et aux misérables. Là est le risque. Celui qui meurt en ayant échoué, sa mort sera celle d'un fanatique, une mort vaine. Mais non pas déshonorante. En fait, c'est en une telle mort que consiste la Voie du samouraï. Si l'on veut devenir un parfait samouraï, il est nécessaire de se préparer à la mort matin et soir et jour après jour. Le samouraï qui est constamment préparé à la mort, celui-là a maîtrisé la Voie du samouraï et saura, sans jamais faillir, vouer sa vie au service de son seigneur.

La réflexion et la décision

Certaines personnes ont la capacité innée de mobiliser instantanément leur intelligence dès que la situation l'exige. D'autres, au contraire, veilleront des nuits entières, martelant les oreillers, à force d'angoisse et de concentration jusqu'à ce qu'ils trouvent une solution au problème. Mais si on ne peut, dans une certaine mesure, éviter de telles différences de tempérament, n'importe qui peut, en faisant siens les Quatre Vœux, acquérir une sagesse inimaginable auparavant. On pourrait croire que quels que soient ses dons et si difficile que soit le problème posé, on devra bien finir par trouver une solution si on y réfléchit avec assez de concentration et assez longtemps. Mais tant qu'on fonde ses raisonnements sur le « moi », on ne sera que malin et non pas sage. L'être humain est déraisonnable et il a du mal à renoncer au « moi ». Dans une situation délicate, pourtant, si on laisse momentanément de côté le problème particulier qui se pose pour se concentrer sur les Quatre Vœux et abandonner le « moi » avant de se mettre en quête d'une solution, on ne commettra pas souvent d'erreur.

Connaître les limites de ses capacités

Si peu que nous possédions de sagesse, c'est en se fondant sur elle que nous tentons de résoudre toutes nos difficultés, avec ce résultat déplorable que nous faisons du « moi » le centre de nos préoccupations et tournons le dos à la Voie du Ciel si bien que nos actes finissent par devenir mauvais. En vérité, aux yeux d'un observateur nous devons paraître mesquins, faibles, étroits d'esprit et totalement inefficaces. Celui qui se sent incapable d'atteindre à la vraie sagesse par ses seules forces serait bien avisé de prendre conseil auprès de plus sages que lui. Une personne qui n'est pas impliquée personnellement dans une situation sera en mesure de porter sur elle un jugement clair, non obscurci par l'intérêt personnel et

fera le juste choix. Quand on voit un homme prendre
ses décisions de cette admirable façon, on peut être sûr
qu'il est solide, sûr et fermement enraciné dans la réalité. Sa sagesse, qu'il a acquise en prenant conseil auprès
d'autrui, est pareille aux racines d'un grand arbre, multi-
ple et forte. Il existe des limites à la sagesse d'un homme
seul, arbrisseau isolé que le vent balaye.

Comment critiquer autrui

Réprimander autrui et corriger ses fautes est important ; c'est en vérité un acte de charité, le premier devoir
du service d'un samouraï. Pour le remplir correctement,
il faut se donner du mal. Il est facile de repérer les points
forts et les faiblesses de la conduite d'autrui ; il est tout
aussi facile de critiquer celles-ci. La plupart des gens
considèrent apparemment comme un effet de leur bonté
de dire aux autres ce qu'ils ne veulent pas entendre ; et
si leurs critiques ne sont pas prises au sérieux, eh bien,
c'est qu'il n'y a rien à faire. Une telle façon de procéder
est totalement dépourvue de mérite. Le résultat n'est
guère meilleur que si on s'était mis à insulter la personne
et à l'embarrasser délibérément. C'est un simple moyen
de se débarrasser de ce qu'on a sur le cœur. Avant de
passer à la critique, on doit *d'abord* s'assurer que la personne visée l'acceptera, on doit *d'abord* devenir son ami,
partager ses préoccupations et se comporter de façon à
gagner totalement sa confiance si bien qu'elle ajoutera
foi à ce qu'on lui dira. Et puis il faut agir avec tact, réfléchir à la façon la plus appropriée de dire les choses ainsi
qu'au moment le plus favorable — dans une lettre, peut-
être, ou bien au retour d'une agréable soirée. On pourra
commencer par parler de ses propres défaillances et laisser voir à l'interlocuteur où l'on veut en venir sans pro-
noncer un mot inutile. D'abord, on vantera son énergie,
on fera tout son possible pour l'encourager et on l'amènera à un état de réceptivité telle qu'il boira vos paroles
comme un homme assoiffé boit de l'eau. Alors, on

pourra le reprendre sur ses fautes. Il est extrêmement difficile de bien critiquer.

Je sais par expérience qu'on ne rompt pas si facilement avec de mauvaises habitudes enracinées sur de longues années. Pour tous les samouraïs qui servent le daimyo, l'attitude véritablement charitable me semblerait être d'entretenir entre eux une atmosphère de familiarité et d'amitié et de se corriger mutuellement afin de servir au mieux le daimyo tous ensemble. Plonger délibérément quelqu'un dans l'embarras n'est pas une prouesse. Comment une telle tactique pourrait-elle aboutir à un résultat ?

Comment réprimer un bâillement

Bâiller en public est irrespectueux. Si vous ressentez une soudaine envie de bâiller, passez-vous la main sur le front de bas en haut et cette envie se dissipera. Si cela ne réussit pas, fermez la bouche et frottez-vous l'intérieur des lèvres avec la langue — ou bien dissimulez votre bâillement dans votre manche ou derrière votre main de façon à être aussi discret que possible. La même politique vaut pour les éternuements. Si vous n'apportez pas tous vos soins à ce genre de choses, vous vous exposerez au ridicule. Et il y a bien d'autres aspects de la vie où vous devez savoir vous contenir.

Se préparer aux tâches du lendemain

On est toujours bien avisé de prévoir la veille ce qu'on fera le lendemain et de noter son emploi du temps. C'est là l'un des moyens qui permettent de garder une légère avance sur les autres. Chaque fois que le daimyo devait se montrer quelque part, il s'enquérait toujours la veille au soir des gens qui devaient le recevoir et choisissait en conséquence les termes des salutations qu'il leur adresserait et les thèmes des conversations qu'il aurait avec eux. Vous devriez prendre exemple sur le daimyo et lorsque vous avez à accompagner quelqu'un en voyage ou qu'on

vous a accordé une audience, renseignez-vous d'abord
sur la personnalité de votre compagnon ou de votre
hôte. Telle est la voie de l'harmonie. Mais c'est aussi
l'étiquette. Invité par une personne d'importance, si
vous n'y voyez qu'une corvée vous serez à coup sûr incapable de vous conduire convenablement. Vous devriez
vous persuader que c'est un merveilleux moment qui se
prépare. D'une manière générale, sauf en affaires, il vaut
mieux ne pas se rendre là où on n'a pas été invité. Et
même si on est invité, on ne sera vraiment considéré
comme un hôte acceptable que si on s'est conduit en
hôte parfait. Il est en tout cas essentiel de savoir
d'avance comment l'affaire se présente et comment on
devra s'y comporter. C'est en matière de boisson que le
savoir-vivre est le plus important. La façon de s'asseoir
est cruciale. On ne doit jamais laisser la réunion sombrer
dans l'ennui ni la terminer trop tôt. Quand on vous offre
d'un plat, il n'est jamais bon de manifester une réserve
excessive ; ce peut même être discourtois. Il convient de
refuser une ou deux fois, puis d'accepter si l'on insiste.
C'est également la meilleure politique lorsqu'on se
trouve chez quelqu'un qui vous propose impromptu de
rester.

Explorer à l'avance toutes les situations possibles
La science militaire distingue le « samouraï éclairé »
du samouraï qui ne l'est pas. N'est pas éclairé le
samouraï qui s'est contenté d'apprendre par l'expérience directe comment agir lorsqu'une situation difficile
se présente. Le samouraï véritablement éclairé explore à
l'avance toutes les situations et toutes les solutions possibles afin d'être capable d'actions d'éclat le moment
venu. Le samouraï éclairé a donc résolu d'avance chaque
détail. Un samouraï non éclairé peut donner l'impression de se tirer d'une situation difficile, mais son appa-
rent succès ne sera imputable qu'à sa bonne étoile. Ne

pas reconnaître d'avance toutes les éventualités, cela, en vérité, définit bien le samouraï non éclairé.

Les poissons ne vivent pas dans l'eau claire
Je connais quelqu'un qui ne cesse de prôner la plus stricte sévérité, mais je ne partage pas son point de vue. Comme dit le proverbe : « Les poissons ne vivent pas dans l'eau claire. » Ce sont les algues qui procurent aux poissons un abri où croître en sécurité jusqu'à la maturité. C'est parfois en fermant les yeux sur certains détails et en passant sur des peccadilles qui leur sont reprochées qu'on permet à ses gens de vivre en paix. Voilà ce qu'il est essentiel de comprendre lorsqu'on examine le caractère et la conduite d'autrui.

Se mettre courageusement à sa tâche
Voici ce que me fit observer Ysaburō lorsque je lui demandai un échantillon de son art de calligraphe : « Il faut mettre à écrire tant de hardiesse qu'on couvre d'un seul caractère tout le papier et tant de vigueur qu'on le détruise. En calligraphie, le talent dépend entièrement de l'énergie et de l'esprit qui président à l'exécution. Le samouraï doit aller de l'avant sans se relâcher, ni se lasser ni se décourager, jusqu'à ce qu'il ait achevé sa tâche. C'est tout. » Cela dit, il exécuta une calligraphie.

Les « gens de solde » d'aujourd'hui ont des préoccupations bien basses
Lorsque je considère les jeunes samouraïs qui servent de nos jours, j'ai le sentiment que leurs préoccupations volent lamentablement bas. Ils ont le regard furtif du pickpocket. La plupart ne visent qu'à pousser leurs intérêts ou à faire montre de leur adresse et même lorsqu'ils ont l'air de jouir de la paix du cœur, ce n'est encore qu'affectation. Une telle attitude ne conviendra jamais. Seul le samouraï dont l'idéal n'est rien de moins que de faire à son seigneur le sacrifice de sa vie, de mourir dans l'instant pour se transformer en esprit, qui a pour sujet

d'inquiétude constante la fortune de son daimyo et en réfère à celui-ci chaque fois qu'il a réglé un problème, car son unique souci est de renforcer les assises de son pouvoir, seul celui-là mérite vraiment le nom de samouraï au service de son seigneur. En ce sens, le daimyo et son serviteur doivent avoir une détermination égale. Il est donc absolument nécessaire de maintenir sa résolution si fermement que même les dieux et les bouddhas ne puissent vous faire dévier de votre but.

Les hommes vraiment virils ont disparu

Je tiens cette histoire d'une de mes relations. Un certain docteur Kyōan aurait fait un jour la déclaration suivante : « En médecine, nous distinguons entre les hommes et les femmes grâce aux principes du yin et du yang que nous leur appliquons et à l'origine il en découlait des façons différentes de les traiter. Le pouls également diffère. Au cours des cinquante dernières années, cependant, le pouls des hommes est devenu à peu près semblable à celui des femmes. Ayant observé ce phénomène, il m'a paru indiqué de soigner les maux d'yeux de mes patients masculins en leur appliquant la méthode adaptée normalement au pouls des femmes. Lorsque j'essaie d'appliquer aux patients de sexe masculin les traitements adaptés aux hommes, je n'obtiens aucun résultat. Le monde est vraiment entré en dégénérescence ; les hommes perdent leur virilité et deviennent semblables aux femmes. C'est là une vérité incontestable que m'a enseignée l'expérience directe. J'ai décidé de la garder secrète. » Lorsque, avec cette histoire en mémoire, je promène mes regards autour de moi, il m'arrive souvent de me dire : « Tiens, voici un bel exemple de pouls de femme ! » Je ne vois pour ainsi dire jamais ce que j'appellerais un homme véritable. Et c'est pour cette raison que de nos jours, il suffit d'un effort minime pour exceller et atteindre une position éminente.

Que les hommes d'aujourd'hui ne sont plus que de lâches femmelettes j'en veux pour preuve ce fait que rares sont ceux à qui il est arrivé de décapiter un criminel aux mains liées dans le dos et que lorsqu'on leur demande de jouer le rôle de second dans un suicide rituel, la plupart croient intelligent de se dérober sous quelque prétexte astucieux. Il y a encore quarante ou cinquante ans, une blessure reçue au combat était une marque de virilité et une cuisse dépourvue de cicatrice trahissait de façon si flagrante l'inexpérience ou la couardise qu'on n'osait pas la montrer en public et qu'on préférait souvent s'infliger une blessure à soi-même pour pouvoir exhiber une cicatrice. Un homme devait être bouillant et impétueux. Aujourd'hui, au contraire, l'impétuosité est assimilée à la bêtise et les hommes habiles de la langue s'en servent pour se débarrasser de leurs responsabilités sans avoir à lever le petit doigt. J'aimerais que les jeunes gens réfléchissent là-dessus.

« L'avantage est au spectateur »

Détester le mal et conduire sa vie selon la rectitude morale est excessivement difficile. Mais, paradoxalement, donner une importance essentielle à la stricte logique et placer la rectitude morale au-dessus de tout est une cause fréquente d'errements. Il existe une voie plus élevée que celle de la rectitude morale mais la découvrir est difficile et exige la plus haute sagesse. Au regard de cette Voie, les principes logiques sont véritablement dépourvus de signification. On ne saurait connaître ce dont on n'a pas une expérience immédiate. Pourtant, il est un moyen de s'instruire de la vérité alors même qu'on n'a pas été capable de la discerner par soi-même. C'est de s'entretenir avec d'autres personnes. Il est fréquent que l'on puisse donner des conseils sans pour autant avoir atteint soi-même la perfection. Il s'agit du principe connu des joueurs de *go* sous la formule : « l'avantage est au spectateur ». On parle d'« apprendre à voir ses fautes

grâce à la méditation », mais cela aussi la conversation le
permet mieux encore. La raison en est que lorsqu'on
s'instruit en écoutant ce que les autres ont à nous dire et
en lisant des livres, on dépasse les limites de son propre
pouvoir de discernement et de suivre les enseignements
des anciens.

On peut toujours se perfectionner
Voici les propos que j'ai entendus de la bouche d'un
maître d'armes fort âgé :

« L'entraînement d'un samouraï dure toute la vie et se
déroule selon un ordre défini. Au stade inférieur de l'entraînement, vous avez beau pratiquer, vous n'avez pas
l'air de progresser, vous savez que vous êtes ignorant et
vous en pensez autant des autres. Inutile de dire qu'alors
vous n'êtes d'aucune utilité pour le service du daimyo.
Au stade intermédiaire, vous n'êtes toujours pas vraiment utile mais vous prenez conscience de vos insuffisances et vous commencez à voir celles des autres. Le
samouraï qui a atteint le niveau supérieur est capable de
résoudre toute difficulté grâce à sa propre compétence
et n'a plus besoin des enseignements des autres ; il
prend confiance en ses capacités, se réjouit des louanges
qu'il reçoit et s'afflige des échecs des autres. Un tel
samouraï, on peut le dire, est utile au service du daimyo.
Supérieurs encore à ce niveau sont ceux dont le visage
ne trahit jamais les pensées et qui ne font jamais montre
de leur talent au point, même, d'affecter l'ignorance et
l'incompétence. Qui plus est, ils respectent le talent des
autres. Dans la plupart des cas, j'estime qu'on ne saurait
aspirer à mieux.

« Mais à un niveau encore supérieur, qui transcende le
talent des simples mortels, il existe une sphère suprême.
Celui qui s'engage profondément sur la Voie qui y mène
se rend compte qu'il n'est pas de limite à son perfection-
nement et que le temps ne viendra jamais où il sera

satisfait de ses travaux. Le samouraï doit donc être parfaitement au fait de ses insuffisances et passer sa vie entière à s'entraîner sans avoir jamais le sentiment qu'il en a fait assez. Il lui faut bien entendu se garder de toute confiance excessive en lui-même mais aussi de tout sentiment d'infériorité par rapport aux autres. »

De Yagyū, maître de *kendo* des shoguns Tokugawa, on rapporte ce propos : « J'ignore comment surpasser les autres. Tout ce que je sais, c'est me surpasser moi-même. » Le vrai samouraï se dit : « Aujourd'hui, je suis meilleur qu'hier et demain, je serai meilleur encore » et sa vie n'est qu'un long effort pour se perfectionner. Voilà ce qu'est l'entraînement, un processus sans fin.

Il faut aborder les questions importantes avec légèreté

Entre autres proclamations publiques, le seigneur Naoshige fit celle-ci : « Il faut aborder les questions importantes avec légèreté. » Voici l'explication qu'en donne Ittei Ishida (érudit confucéen du *han* de Saga et maître de Jōchō Yamamoto) : « Il faut prendre au sérieux les plus petits détails. » Il est peu de problèmes véritablement importants ; dans le cours d'une vie, il ne s'en pose probablement que deux ou trois. C'est la conclusion à laquelle vous conduira la réflexion quotidienne. Il est donc nécessaire de prévoir la conduite à tenir en cas de crise et de s'en souvenir une fois celle-ci survenue, de façon à régler le problème conformément à son plan. Faute d'une préparation quotidiennne, on risque d'être incapable de réagir assez rapidement pour faire face à une situation difficile et d'aboutir ainsi à des résultats désastreux. Ne sommes-nous donc pas en droit de dire que le principe qui sous-tend le précepte « il faut aborder les questions importantes avec légèreté » est d'affirmer quotidiennement sa résolution de suivre la ligne de conduite choisie ?

*Quand on est incapable de décider si l'on doit vivre ou mourir,
mieux vaut mourir*

Le célèbre samouraï Kiranosuke Shida a dit : « Si ton
nom, que tu meures ou que tu vives, ne signifie rien
pour le monde, alors il vaut mieux vivre. » Shida est un
redoutable samouraï et les jeunes gens ont compris de
travers ce qui n'était qu'une boutade et ont cru qu'il
défendait une ligne de conduite déshonorante. Mais
dans un post-scriptum, il ajoute : « Dans le doute si l'on
doit manger ou non, il vaut mieux se refréner. Quand
on est incapable de décider si l'on doit vivre ou mourir,
mieux vaut mourir. »

Qui ne s'est jamais trompé n'est pas digne de confiance

Un jour qu'on discutait de l'opportunité d'accorder
une promotion à un certain individu, on releva le fait
qu'il avait été naguère un grand buveur et, du coup, chacun se montra réticent à lui accorder cette promotion. Il
se trouva cependant quelqu'un pour insister : « Si nous
rejetons totalement un homme parce qu'il a commis une
seule erreur, jamais nous ne formerons personne de
vraiment supérieur. L'homme qui a un jour erré regrette
profondément sa faute, se conduit avec à-propos et maîtrise de soi et se révèle remarquablement efficace dans
son service. Il faut promouvoir cet homme. » On lui
demanda alors : « Assumerez-vous la responsabilité du
résultat ? » Quand il eut répondu par l'affirmative,
chacun lui demanda ses raisons. « Je réponds pleinement de cet homme, répliqua-t-il, parce qu'il a été
dans l'erreur. Celui qui n'a jamais commis de faute
n'est pas digne de confiance. » Et la promotion fut
finalement accordée.

Plutôt qu'à vaincre, pense à mourir

Il est arrivé qu'un homme tombe en disgrâce parce
qu'il n'avait pas réussi à se venger d'un affront. La vraie
façon de chercher vengeance, c'est de marcher tout droit

à l'ennemi et de se battre jusqu'à être taillé en pièces. Le samouraï qui se jette dans la mêlée ne tombera pas en disgrâce. C'est parce qu'on espère réussir qu'on se montre défaillant. Si l'on se dit qu'on va être submergé par le nombre et qu'on va se retrouver en mauvaise posture, on laisse passer du temps et on finira peut-être par se résigner à oublier toute l'affaire. Or, les ennemis peuvent bien affluer par dizaines, si on tient tête avec la ferme détermination de les transpercer tous de sa seule épée, l'affaire sera vite réglée. Et en fait, tout se passera probablement pour le mieux. Même dans le cas des quarante-sept ronins du clan Asano qui finirent par attaquer Kira de nuit pour venger la mort de leur seigneur-lige, ils avaient, au départ, manqué leur coup en ne se suicidant pas tous ensemble immédiatement à Sengakuji. Ils prirent leur temps avant de venger leur seigneur et si Kira lui-même était mort de maladie avant qu'ils aient pu mener à bien leur plan, ils auraient été frustrés à jamais de leur vengeance...

En règle générale, je ne critique pas la conduite d'autrui. Mais puisque nous explorons la Voie du samouraï, je crois devoir dire ceci. Si on ne soumet pas à l'avance toutes les éventualités à un examen attentif, on n'est pas en mesure, le moment venu, de fournir une réponse adéquate à la situation, ce qui conduit le plus souvent au déshonneur.

Apprendre des autres et s'attacher à pénétrer l'essence des choses, c'est se préparer à affermir sa résolution avant que la crise survienne. Entre autres choses, la Voie du samouraï exige de lui qu'il comprenne qu'à tout moment la profondeur de sa détermination peut être mise à l'épreuve et qu'il passe ses jours et ses nuits à réfléchir pour élaborer une ligne de conduite. Selon les circonstances, il se peut qu'il perde ou qu'il gagne. Mais éviter le déshonneur n'a rien à voir avec gagner ou perdre. Pour éviter le déshonneur, il lui faudra mourir. Mais si, à la première tentative, les événements ne se déroulent pas selon ses vœux, il devra recommencer. Cela n'exige ni savoir ni talent particulier. Obstiné, le samouraï ne pense ni à la victoire ni à la défaite ; il se contente de combattre comme un fou jusqu'à la mort. C'est alors seulement que lui vient le succès.

Éviter les opinions arrêtées

Il n'est pas bon d'avoir des convictions personnelles trop marquées. Le samouraï qui, à force d'application et de concentration d'esprit, se forme sur tel ou tel sujet une opinion déterminée risque d'en conclure hâtivement qu'il a atteint un niveau satisfaisant — ce qui est tout à fait déplorable. À ses efforts inlassables, le samouraï doit donner pour but premier la maîtrise parfaite des principes de base et des premiers rudiments de sa pratique et poursuivre son entraînement pour que ces premières acquisitions portent leurs fruits. Jamais il ne doit relâcher son effort ; son entraînement dure aussi longtemps que sa vie. Se croire autorisé à un relâchement sous prétexte qu'on a fait personnellement quelque découverte, c'est pure sottise. Le samouraï doit constamment se rappeler que sur tel et tel point il est encore bien loin de la perfection et passer sa vie entière à se perfectionner, dans une recherche inlassable de la vraie Voie. Ce n'est que dans le cours d'une telle quête qu'on aura chance de trouver la Voie.

Une résolution quotidienne

Il y a cinquante ou soixante ans encore, tous les matins le samouraï faisait ses ablutions, se rasait le crâne et se parfumait le chignon. Puis il se coupait les ongles des mains et des pieds, les ponçait et les polissait à l'herbe *kogané*. Sur ces choses, il ne se laissait jamais aller à la paresse et prenait le plus grand soin de sa tenue. Le samouraï inspectait ensuite ses deux sabres, le long et le court, afin de s'assurer qu'ils ne rouillaient pas, il les époussetait et les astiquait. Se donner autant de mal pour soigner son apparence peut sembler de l'afféterie, et pourtant cette habitude ne venait pas d'un goût pour l'élégance ou pour la séduction. À tout moment, dans l'ardeur d'un combat, on peut recevoir une épée au travers du corps ; mourir dans une tenue négligée, c'est trahir un laisser-aller général qui vous expose aux railleries méprisantes de l'ennemi. Aussi, jeunes ou vieux, les samouraïs s'efforçaient-ils d'apparaître sous leur meilleur jour. On peut penser que cette exigence pointilleuse ne vaut pas tant de temps et d'efforts, mais telle est la Voie du samouraï. Et en fait, cela n'exige que bien peu de temps et d'efforts. Si, toujours préparé à la mort, le samouraï en vient à se considérer comme déjà mort, s'il est empressé au service de son maître et se perfectionne dans les arts martiaux, il est sûr de ne connaître jamais la honte ; tandis que s'il passe ses journées à satisfaire égoïstement tous ses caprices, au moment de l'épreuve, il se couvrira de déshonneur. Alors, inconscient même de sa honte et s'imaginant que rien d'autre ne compte que sa sécurité et son bonheur, il va sombrer dans le divertissement — fin profondément lamentable.

Le samouraï qui n'est pas à tout moment préparé à mourir aura inévitablement une mort inconvenante. Alors que le samouraï qui passe sa vie à se préparer à la mort, comment sa conduite pourrait-elle encourir le mépris ? Il faut bien réfléchir à cette question et se comporter en conséquence. Les temps ont bien changé ces trente dernières années. Quand de jeunes samouraïs se rencontrent, c'est pour parler d'argent, de profits et de pertes, de la façon judicieuse de mener son ménage ou d'apprécier la qualité d'un vêtement, et pour se raconter leurs bonnes fortunes. Un autre sujet survient-il dans la conversation, l'atmosphère s'assombrit immédiatement et chacun se sent vaguement mal à l'aise. Nous sommes tombés bien bas ! Autrefois jusqu'à vingt ou trente ans, jamais un jeune homme n'aurait eu une pensée mesquine ou terre à terre, et jamais non plus, par conséquent, un propos de cette sorte. Et si, par accident, un tel propos venait à échapper à un homme mûr en présence de jeunes gens, ceux-ci en étaient aussi affligés que s'ils avaient été physiquement blessés. Si ces nouvelles tendances se sont fait jour, c'est apparemment parce que l'époque moderne reconnaît une valeur au luxe et à l'ostentation. Désormais, seul l'argent a de l'importance. Si ces jeunes hommes n'avaient pas des goûts de luxe que leur condition ne justifie en rien, un tel état d'esprit disparaîtrait certainement.

Il est, en revanche, tout à fait méprisable de vanter la valeur d'un jeune homme économe et frugal. La frugalité trahit à coup sûr un manque de sens du *giri*, c'est-à-dire des obligations sociales et personnelles. Est-il besoin d'ajouter que le samouraï qui négligerait les obligations qu'il a envers les autres serait bas et vil ?

L'être humain a beaucoup à apprendre

Si l'on en croit l'érudit confucéen Ittei Ishida, même l'écriture la plus gauche peut être amendée si l'on s'applique à suivre scrupuleusement les leçons d'un bon manuel. On peut en dire autant du service du samouraï. Si l'on prend pour modèle un bon samouraï, on a toutes chances d'arriver à un résultat satisfaisant. De nos jours, malheureusement, il n'y a plus autour de nous de samouraï qui mérite d'être suivi en tout point et c'est donc dans l'esprit qu'il faut susciter un modèle digne d'émulation. Pour construire un tel modèle, on se demandera qui, dans son entourage, a le meilleur sens de l'étiquette, des convenances et des rites ; qui a le plus grand courage ; qui a l'éloquence la plus convaincante ; qui est moralement irréprochable ; qui est le plus intègre ; qui a le plus d'esprit d'à-propos dans les situations critiques — et on imaginera une synthèse de tous ces individus. On obtiendra ainsi un excellent modèle bien digne d'être imité.

Il est constant dans tous les arts que les qualités du maître sont difficiles à acquérir pour ses élèves alors qu'ils n'ont nulle peine à imiter ses défauts, qui bien entendu ne leur servent à rien. Certains individus connaissent l'étiquette mais manquent d'intégrité. Celui qui cherche à s'instruire auprès d'une telle personne aura tendance à négliger l'étiquette et à s'inspirer de ce manque d'intégrité. Celui qui a appris à reconnaître les qualités d'autrui pourra prendre n'importe qui pour modèle ou pour maître.

Comment se comporter dans une beuverie
Bien des hommes ont échoué dans leur vie à cause d'excès de boisson. C'est tout à fait déplorable. Chacun doit connaître sa résistance à l'alcool et ne jamais boire au-delà. Il arrive cependant qu'on fasse une erreur d'appréciation. Quand il boit, le samouraï doit toujours rester sur ses gardes de façon à être en mesure de faire face à tout événement imprévu. Dans les banquets où l'on sert de l'alcool, on se trouve, comme dehors, exposé à bien des regards. Il faut être prudent.

Ne jamais se laisser abattre
Lorsqu'on rend visite à un ami plongé dans l'affliction, il est essentiel de bien peser les paroles de consolation qu'on lui adresse. Car, à travers vos mots, il se peut qu'il sache lire vos véritables sentiments. Le vrai samouraï ne doit jamais donner l'impression qu'il faiblit ou qu'il perd courage. Il doit aller de l'avant courageusement comme s'il était sûr de surmonter l'épreuve. Sinon, à quoi sert-il ? Là est le secret du réconfort qu'on peut apporter à un ami malheureux.

Leçon à l'usage des jours de pluie
Il existe un certain état d'esprit qu'on a pu appeler « état d'esprit du temps de pluie ». Quand on se trouve pris sous une averse soudaine, on peut essayer de ne pas

se faire mouiller en courant de toutes ses forces ou en cheminant sous l'avancée des toits ; mais quoi qu'on fasse, on sera trempé. Si on s'est mentalement préparé dès le départ à être mouillé, on ne sera pas le moins du monde dépité lorsque cela se produira. C'est là une attitude profitable en toutes circonstances.

Le samouraï doit être confiant dans sa supériorité
On prise fort le sens de la mesure, mais quand il s'agit des arts martiaux, même dans l'entraînement quotidien, le samouraï ne doit pas se départir un instant de la conviction que sa valeur est supérieure à celle de quiconque. Pour le tir à l'arc, nous nous entraînons sur des cibles. Si l'on vise directement les repères tracés sur la cible, la flèche aura tendance à se déporter vers la droite et vers le haut. Il faut donc viser au-dessous et à gauche. Alors la flèche atteindra le but.

Le samouraï dont l'ambition est de faire merveille sur le champ de bataille, de surpasser les prouesses guerrières des meilleurs, le samouraï qui passe ses jours et ses nuits à imaginer les moyens de faire prisonnier un puissant ennemi, celui-là incarne la valeur du samouraï, vigoureux et indomptable. C'est de cela qu'il s'agit dans les vieilles légendes guerrières. Telles doivent être également les dispositions du samouraï pour la vie de tous les jours.

Vaincre le premier, c'est vaincre une fois pour toutes
Sur ses vieux jours, Tetsuzan fit l'observation suivante : « J'ai longtemps pensé que le corps à corps réel différait de la lutte sportive *sumō* en ceci qu'il importe peu d'être terrassé au début du moment qu'on l'emporte à la fin. Mais j'ai changé d'avis récemment. Si un juge séparait les combattants dès que l'un deux est à terre, il devrait déclarer celui-ci perdant. Vaincre le premier c'est vaincre toujours. »

L'éducation des enfants

L'éducation d'un enfant de samouraï obéit à une formule bien définie. Dès la petite enfance, on stimule son
courage et personne ne doit jamais le menacer ni le
tromper. Si dès son jeune âge, il souffre d'anxiétés et de
peurs, ce sera comme une cicatrice qui le marquera jusque dans la tombe. Ses parents ne doivent jamais, par
négligence, le laisser s'effrayer du tonnerre, ni lui interdire de s'avancer dans l'obscurité et c'est un mauvais
calcul que de lui raconter des histoires effrayantes sous
prétexte de calmer ses pleurs.

D'un autre côté, gronder un enfant trop sévèrement,
c'est en faire un adulte timide et renfermé. En toute
occasion, il faut prendre garde qu'il n'acquière pas des
traits de caractère déplaisants. Car une fois qu'il aura
pris un mauvais pli, ce n'est pas en lui faisant la leçon
qu'on l'en débarrassera. Pour ce qui est de la façon de
s'exprimer et des manières, il faut s'efforcer de lui donner une compréhension d'ensemble des convenances et
jamais il ne devrait éprouver de désirs vulgaires. Le reste
est de moindre importance, car, en général, un enfant
normal et sain se développe de toute façon, quelle que
soit l'éducation qu'il reçoit. Bien entendu, les enfants nés
de parents mal accordés manqueront de piété filiale.
Même les oiseaux et les bêtes subissent l'influence de ce
qu'ils voient et entendent depuis leur naissance : il faut
accorder la plus grande attention à l'entourage de l'enfant. Il arrive qu'un père s'entende mal avec son fils à
cause de l'inconscience de la mère. La mère, qui se comporte étourdiment avec son enfant et prend sa défense
chaque fois que le père veut le réprimander, crée avec
l'enfant une complicité qui, plus tard, sera cause de frictions entre le père et le fils. Faire de son enfant son complice contre le père découle apparemment du manque
de pénétration que les femmes manifestent naturellement dans leurs desseins et elles s'imaginent assurer la

sécurité de leurs vieux jours en gagnant la faveur de leur
fils en son âge tendre.

Le talent artistique conduit à l'échec personnel
Seuls les samouraïs des autres seigneuries peuvent
croire qu'un talent artistique les aidera à gagner leur vie.
Pour les samouraïs de cette maison, cela ne peut les
conduire qu'à la déchéance. Quiconque est expert dans
un art particulier est un technicien, non un samouraï. Si
tel homme, que je ne nommerai pas, veut prétendre à la
qualité de samouraï, il doit se rendre compte que le
talent artistique quel qu'il soit est préjudiciable à cette
ambition. Quand il aura compris cela et seulement alors,
il sera en mesure de tirer profit de toutes sortes de
talents. Qu'il y pense.

La réalité vaut mieux que la crainte qu'on en a
Je ne sais qui fit un jour la réflexion suivante : « On
croit en général qu'il n'est pire épreuve que de devenir
un ronin et lorsque survient un tel sort, on s'abandonne
immédiatement au désespoir. En réalité, la condition de
ronin est bien différente de ce que j'avais imaginé et non
si mauvaise. À vrai dire, il ne me déplairait pas de rede-
venir ronin pour un temps. » Je suis de cet avis ; et on
peut en dire autant de la mort. Le samouraï qui, jour
après jour, répète mentalement sa mort, saura, le moment venu, mourir avec calme. Les désastres ne sont
jamais aussi effroyables qu'on ne les imagine ; aussi est-
ce une pure folie que de passer son temps à se tourmenter par avance à leur sujet. Il vaut mieux se résigner
d'avance au destin ultime du samouraï au service de son
seigneur qui est de devenir ronin ou de se suicider selon
le rite du *seppuku.*

Qui veut éprouver la sincérité d'une amitié n'a qu'à tomber malade
« Si tu veux lire dans le cœur d'un ami, tombe ma-
lade », dit-on couramment. C'est un lâche que celui qui

vous fait bonne figure lorsque tout va bien pour vous tourner le dos comme à un étranger sitôt que la maladie ou l'infortune s'abattent sur vous. Quand un ami est dans le malheur, c'est alors qu'il importe de rester à ses côtés, de lui rendre visite et de pourvoir à ses besoins. Jamais, de toute sa vie, le samouraï ne doit se laisser détacher de ceux auprès de qui il a contracté une dette morale. C'est là une pierre de touche pour juger des véritables sentiments d'un homme. Mais la plupart du temps, nous pensons aux autres dans les moments difficiles pour qu'ils nous aident et nous les oublions totalement à peine sortis de la mauvaise passe.

La réussite matérielle ne dépend que du sort
La vertu ou le vice d'un individu ne se reflètent pas dans sa réussite ou dans son échec matériels. La prospérité et l'infortune sont, après tout, l'œuvre de la nature alors que le bien et le mal relèvent du jugement humain. Et pourtant, par souci didactique, on trouve commode de faire comme si la réussite ou l'échec sur le plan matériel résultaient directement de la nature bonne ou mauvaise des individus.

Le meilleur moment pour congédier un domestique
Zenjin'emon Yamamoto (père de Jōchō), quand un de ses domestiques avait commis une faute, le gardait à son service jusqu'à la fin de l'année comme si rien ne s'était passé et ne lui donnait son congé, calmement, qu'à la veille du nouvel an.

Celui qui a l'air intelligent ne connaîtra jamais la réussite
Afin de parfaire son aspect et son maintien, le samouraï devrait prendre l'habitude de s'observer dans un miroir pour se corriger. Lorsque j'atteignis ma treizième année, je nouai mes cheveux en chignon, à la façon traditionnelle, puis je m'enfermai à la maison pour un an.

Chacun, dans ma famille, disait en effet : « Il a une figure si intelligente qu'il finira par s'attirer un malheur. Le daimyo ne déteste rien tant que les gens qui ont l'air intelligent. » Aussi, décidé à corriger les expressions de mon visage, je passai mes journées devant le miroir. Au bout d'un an, quand je me montrai à nouveau, tout le monde me trouva l'air pas très bien portant et je me dis en moi-même que c'était là ce qui convenait aux fonctions de samouraï. Quelque chose vous fait hésiter à accorder votre confiance à un homme qui laisse éclater son intelligence sur son visage. On ne saurait trouver beau un homme dont l'allure ne respire pas la sérénité, la dignité calme. L'idéal est d'apparaître respectueux mais sévère et maître de soi.

Le surveillant doit être sévère à l'égard de ses supérieurs

Le surveillant (*metsuké*) qui ne serait pas en mesure d'avoir une vue d'ensemble de la situation ferait plus de mal que de bien. La raison d'être du *metsuké* est la sauvegarde de la loi et de l'ordre sur le territoire dépendant du seigneur. Le daimyo à lui tout seul ne peut suivre tout ce qui se passe en tout point de son fief. La tâche essentielle du *metsuké* est de s'informer le plus à fond possible des faits et gestes du daimyo, de l'intégrité des Anciens, des qualités et des défauts de l'administration, de l'opinion publique ainsi que de la prospérité et du bien-être de la population. C'est pourquoi, à l'origine, on attendait du *metsuké* qu'il fût exigeant dans le contrôle de ses supérieurs. Aujourd'hui, c'est sur les écarts de conduite des administrés que le *metsuké* enquête, avec ce résultat que le vice se déchaîne ; ainsi fait-il plus de mal que de bien. S'il est vrai qu'on trouve peu de parangons de vertus dans le peuple, les vices n'y sont pas non plus bien graves et ne risquent guère de faire grand tort à l'État. En outre, le fonctionnaire chargé de reconnaître si une inculpation est fondée ou non devrait espérer que les dénégations de l'accusé se révéleront valides et qu'on n'aura pas à le punir. En dernière analyse, une telle attitude est profitable au seigneur.

Tout ne se calcule pas en termes de profits et pertes
Le calculateur est un lâche. Si je dis cela, c'est que le calcul porte toujours sur le profit et la perte et que, par conséquent, le calculateur n'est préoccupé que de profit et de perte. Mourir est une perte, vivre est un gain, aussi décide-t-on de ne pas mourir. On est donc un lâche. De même, l'homme instruit camoufle sous son intelligence et son éloquence la lâcheté et la rapacité qui forment le fond de sa nature. Peu de gens voient cela.

Agis en toutes choses comme si la mort était l'enjeu
Le seigneur Naoshige a dit : « La Voie du samouraï, c'est une passion pour la mort. Il arrive que dix hommes ne puissent venir à bout d'un seul s'il est possédé d'une telle passion. » On ne saurait accomplir des exploits quand on est dans un état d'esprit normal. Il faut être pris de fanatisme et de passion pour la mort. Sitôt qu'on devient capable de discernement, il est trop tard pour s'en servir. Selon la Voie du samouraï, la loyauté et la piété filiale sont superflues ; seule est nécessaire la passion de la mort. La loyauté et la piété filiale viendront l'habiter d'elles-mêmes.

L'épreuve est source de joie
Face à l'épreuve, ce n'est pas assez que de surmonter le découragement. Qu'une catastrophe s'abatte sur le samouraï, il bondit de joie devant la chance qui lui est donnée de déployer son énergie et son courage. Une telle attitude transcende infiniment la simple résignation. « Quand les eaux montent, le bateau s'élève. »

Si le maître est un être humain, j'en suis un également
Il est pusillanime de se dire, au récit des prouesses d'un maître, qu'on ne sera jamais son égal, quelque

mal qu'on se donne. Il faut se mettre à l'ouvrage en se
disant que l'on est homme au même titre que le maître ; pourquoi donc lui serait-on inférieur ? Sitôt re-
levé le défi, le samouraï s'est déjà engagé sur la Voie
du progrès. Voici ce qu'a dit Ittei Ishida : « L'homme
que l'on reconnaît pour sage doit cette réputation à
l'ardeur qu'il a mise dès son jeune âge dans la quête
du savoir. Cette sagesse, il ne l'a pas acquise d'un seul
coup, grâce à des efforts surhumains entrepris sur le
tard. » En d'autres termes, dès la première résolution
prise d'atteindre à l'excellence, on connaîtra peut-être
la lumière de la vérité.

Le samouraï n'abaisse jamais sa garde
En toutes choses, le samouraï doit être précaution-
neux et éviter les plus minimes faiblesses. Il arrive qu'un
samouraï ne sache pas tenir sa langue et laisse échapper
des propos tels que « je suis un lâche », ou « s'il en est
ainsi, cherchons notre salut dans la fuite », ou encore
« c'est terrifiant », ou simplement « aïe ! ». De tels mots
ne doivent jamais franchir les lèvres en aucune circons-
tance, même pour rire, même en rêve, même par mé-
garde. Qu'ils tombent dans l'oreille d'un homme avisé,
et il saura à qui il a affaire. Il faut être constamment sur
ses gardes.

Le temps de respirer sept fois, c'est assez pour se décider
Selon un vieux dicton, « le temps de respirer sept fois,
c'est assez pour se décider ». Le seigneur Takanobu
Ryūzōji fit un jour cette observation : « Si l'on hésite trop
longtemps devant une décision, on s'endort. » Et le seigneur Naoshige : « Quand on prend son temps, l'action
tourne mal sept fois sur dix. » Il est très difficile de prendre une décision quand on est en émoi. Mais si, sans
souci des détails, on aborde le problème avec un esprit
tranchant comme un rasoir, il ne faudra pas plus de

temps pour se décider que pour respirer sept fois. Il suffit d'examiner le problème calmement et avec la détermination d'aller à l'essentiel.

Les gens qu'on aime et ceux qu'on n'aime pas
Celui qui a acquis une petite compétence ne tarde pas
à se montrer arrogant et se complaît à s'entendre qualifier de capable. Les individus de ce genre, qui se tar-
guent de valoir mieux que leur époque et n'imaginent
pas qu'on puisse avoir autant de talent qu'eux-mêmes, le
Ciel ne manquera pas de les châtier.
Si grandes que soient ses capacités, un homme que
l'on n'aime pas n'est d'aucune utilité. Celui qui travaille
dur, qui aime son travail, et fait preuve d'une extrême
modestie, au point de préférer être le subordonné de
gens que pourtant il vaut bien, celui-là se fera aimer.

Il ne faut pas conquérir trop jeune la fortune et la gloire
Celui qui se comporte toujours en jeune homme ne
servira pas valablement son daimyo. Si doué que soit le
samouraï, dans sa jeunesse ses capacités ne sont pas pleinement développées et il n'est pas suffisamment re-
connu par les autres. À l'âge de cinquante ans, il lui faut
aborder la phase finale de sa préparation. Se conduire
de telle sorte qu'on passe aux yeux de la plupart pour
avoir été bien lent à entrer dans la vie publique, c'est
ainsi que l'on se consacre véritablement au service de
son seigneur. L'homme dont les desseins sont justes,
même s'il compromet sa fortune, ce n'aura pas été en
recherchant pour lui-même des profits illégitimes, aussi
la recouvrera-t-il entièrement le moment venu.

Trébuche et tombe sept fois, mais remets-toi sur tes pieds huit fois
Pour un samouraï, c'est le comble de la déraison que
de perdre toute maîtrise de soi parce qu'il devient ronin
ou qu'il est en butte à quelque autre infortune. Du temps

du seigneur Katsushige, les gens de sa suite disaient volontiers : « Qui n'a pas été ronin sept fois ne peut se considérer comme un vrai samouraï. Trébuche et tombe sept fois, mais remets-toi sur tes pieds huit fois. » Hyōgo Naritomi, par exemple, aurait été sept fois ronin. Le samouraï au service du daimyo devrait se voir comme l'une de ces poupées à contrepoids qui se remettent toujours d'aplomb quand on les renverse. De fait, le daimyo n'aurait pas tort de rendre à ses gens leur liberté s'il veut éprouver leur force d'âme.

Il faut savoir rendre hommage aux inférieurs
Dans un poème sur Yoshitsune, on trouve l'affirmation suivante : « Le général doit adresser fréquemment la parole à la troupe. » De même vos domestiques seront prêts à se donner tout entiers et de bon cœur à votre service si, non seulement dans les circonstances exceptionnelles mais même dans la vie courante, vous leur adressez personnellement quelques paroles du genre : « Comme tu as bien travaillé pour moi ! », « Fais bien attention à ceci... », « Te voici à présent un serviteur accompli ». De tels propos sont de la plus grande importance.

Si tu veux atteindre à l'excellence, sollicite les critiques
Si tu désires exceller en quelque matière, la meilleure façon d'y parvenir est de demander aux autres de te juger et de te critiquer. Bien des gens ne veulent se fier qu'à leur propre jugement ; ce qui leur vaut de ne jamais vraiment progresser.

Un homme eut un jour besoin d'un conseil concernant un document destiné à l'administration. Il s'en vint trouver quelqu'un dont le talent de rédacteur était bien supérieur au sien ; ses suggestions lui furent des plus précieuses. Qui sollicite la critique s'élève d'emblée au-dessus du commun.

Si tu cours deux lièvres à la fois, tu n'en attraperas aucun

Il est erroné d'appliquer son esprit à deux objets à la fois. Il faut consacrer toute son énergie à la Voie du samouraï et ne rien chercher au-delà. Le même principe vaut pour l'idéogramme de « voie » (道). Pourtant, celui qui a étudié le confucianisme ou le bouddhisme trouvera peut-être que la Voie du samouraï n'est pas une « voie » raisonnable. Or, ce n'est qu'après avoir étudié toutes les diverses « voies » que l'on est à même de comprendre ce qui est vraiment raisonnable.

Peser soigneusement ses mots

En toutes circonstances, le premier mot que prononce un samouraï est d'une importance extrême. À travers lui doit se manifester toute la valeur du samouraï. En temps de paix, c'est dans les paroles que se montre la vaillance. Et même dans une époque de chaos et de destruction, il peut suffire d'un mot pour révéler une grande bravoure. On pourrait dire que ce mot est alors comme la fleur du cœur.

Jamais un mot qui trahisse une faiblesse

Le samouraï ne doit jamais se plaindre, même dans la conversation banale. Il doit rester constamment sur ses gardes de peur de laisser échapper un mot qui trahisse une faiblesse. À partir d'un propos insignifiant prononcé par inadvertance, on risquerait de faire des conjectures sur sa nature profonde.

Avoir une compétence particulière c'est n'être bon à rien

L'homme qui fonde sa réputation sur une compétence dans une technique particulière est un imbécile. Ayant commis la folie de concentrer son énergie sur un seul objet, il n'a acquis son excellence dans un domaine qu'en excluant toute autre préoccupation. Un tel individu ne peut servir de rien.

Sois particulièrement modeste passé la trentaine

Nombreux sont ceux qui donnent des conseils, mais ceux qui les reçoivent avec reconnaissance sont bien rares. Et plus rares encore ceux qui les suivent. Dès qu'un homme a dépassé la trentaine, il n'est plus personne pour le conseiller. Et lorsque les conseils ne peuvent plus l'atteindre, le voilà qui devient entêté et égoïste. Le temps qu'il lui reste à vivre, il accumulera les maladresses et les sottises, jusqu'à l'irréparable. Il est donc indispensable de découvrir l'homme qui connaît ce qui est juste, de nouer de solides relations avec lui et de prendre conseil auprès de lui.

Tourne tes regards vers l'honneur et la fortune

Le samouraï qui ne s'intéresse ni à la fortune ni à l'honneur tombe en général dans la mesquinerie et la médisance. Un tel homme est stérile et inutile et s'avère finalement inférieur à celui qui ambitionne la richesse et la gloire. Il n'est bon à rien dans la pratique.

Ne te départis jamais de la réserve qui convient à une première rencontre

Lorsque des gens vivent ensemble dans l'harmonie et la bonne entente et suivent les lois naturelles du Ciel et de la Terre, leur existence est paisible et sûre. Le samouraï dont le cœur n'est pas harmonieux et qui ignore l'amitié et les accommodements ne sera pas un serviteur fidèle, quelle que soit la splendeur de sa faconde. Il arrive qu'on s'entende mal avec une personne de connaissance, mais manifester son déplaisir quand on le rencontre ou lui adresser des propos insidieux et sarcastiques trahit la sottise et l'étroitesse d'esprit. Il faut se préparer mentalement à le rencontrer en sorte qu'on le traite avec prévenance et même si cela coûte et n'est pas sincère il faut lui faire bon accueil, quelle que soit la fréquence éventuelle de ces rencontres.

Même si l'on consent de tels efforts, cependant, il peut arriver, en ce monde fuyant et imprévisible, qu'on déplaise. Cela est inévitable. Il ne faut pas fonder sa conduite sur un calcul superficiel visant à gagner la faveur. Agir ainsi serait d'un homme profondément infâme qui ne penserait qu'à son intérêt personnel. Lorsqu'on fait passer autrui avant soi-même et que, hors de toute jalousie ou esprit de concurrence, on se conduit selon l'étiquette, lorsque, avec humilité, on prend en considération les intérêts d'autrui même au risque de se léser soi-même, chaque nouvelle rencontre aura la qualité de la première et la relation ne se dégradera jamais. On pourrait en dire autant de la façon de conduire une cérémonie de mariage. Si, à mesure qu'on se familiarise avec son déroulement, on relâche son attention, on peut être sûr de faire un faux pas avant la fin.

Si, dans la fréquentation régulière d'un ami, l'on garde la même attitude modeste et respectueuse des convenances que lors de la première rencontre, quel que soit le degré d'intimité que l'on ait atteint, il est certain qu'aucune querelle n'éclatera jamais.

On ne connaît l'amour véritable qu'une fois dans sa vie

Je dois l'observation suivante à un certain Shikibu : « Il arrive souvent aux samouraïs d'avoir dans leur jeunesse une liaison homosexuelle, dont la honte les poursuit tout le reste de leur vie. » Ce genre d'expérience est dangereuse pour le samouraï qui ne l'aborde pas avec l'attitude appropriée, mais il n'est personne qui puisse l'éclairer là-dessus. C'est pourquoi j'ai décidé d'expliquer en quoi consiste une telle attitude.

« Une femme fidèle ne se remarie jamais », cette maxime vaut aussi pour l'amour homosexuel. On ne doit connaître dans toute sa vie qu'un seul amour véritable ; sinon on se ravale au rang de prostitué mâle ou de femme dépravée : et le samouraï, pour une telle inconduite, encourt l'infamie. Saikaku a raison de le dire : « Le jeune homme qui n'a pas engagé sa foi est comme une jeune fille sans fiancé : les gens résistent mal à la tentation de l'aborder, fût-ce sous le couvert de la plaisanterie ».

Si l'autre homme est ton aîné, il est souhaitable que vous consacriez quelque cinq années à faire connaissance et lorsque tu auras pu mesurer la profondeur de ses sentiments, il faut prendre l'initiative et lui demander de s'engager envers toi. Si tu veux qu'il existe entre vous un lien tel que chacun soit prêt à donner sa vie pour l'autre, il ne doit y avoir entre vous nulle pensée cachée. Si un autre homme te poursuit de ses assiduités, rejette-le nettement en lui disant : « Vos propositions sont offensantes pour moi », et s'il demande pourquoi, ta réponse sera : « C'est là un secret que je ne révélerai à personne tant que je vivrai. » S'il s'obstine, passe-lui ton épée à travers le corps.

Si l'autre homme est ton cadet, il vous faudra mettre votre cœur à nu, tout comme dans le premier cas. Et si tu fais de ta vie l'enjeu de tes désirs, peut-être au bout de cinq ou six années se réaliseront-ils.

L'amour des hommes et l'amour des femmes sont deux Voies évidemment inconciliables entre lesquelles il faut choisir. Mais si tu es épris d'un homme, tu n'en concentreras pas moins ton énergie sur la Voie du guerrier. L'amour homosexuel s'accorde ainsi fort bien avec la Voie du guerrier.

Renonce à ta sagesse et à ton jugement

Jusqu'à la quarantaine, il vaut mieux que le samouraï ne se laisse pas emporter par sa sagesse ou par son jugement, mais plutôt qu'il se fie à ses capacités et à sa force. Plus il aura de force, meilleur il sera. Ceci peut dépendre des individus et de leur situation, mais même au-delà de quarante ans, un samouraï sera de peu de poids s'il manque de force de caractère.

Le Hagakuré, *Livre II*

> On peut comparer l'orgueil à la lame d'une
> épée... L'épée qui resterait toujours au fourreau
> ternirait, rouillerait et plus personne ne la
> prendrait au sérieux. *(Livre II.)*

Une jeunesse traversée d'épreuves est souhaitable
Ayant un jour demandé quelles choses un samouraï
au service du daimyo ne devait jamais faire, on me
répondit ceci : le samouraï ne doit jamais trop boire, ni
se montrer présomptueux, ni se permettre une vie
luxueuse. En des temps d'infortune, ce sont là des fautes
sans conséquences. Mais dès lors que la situation commence à s'améliorer et la vie à devenir plus facile, elles
peuvent se révéler fatales. Voyez la carrière des gens de
votre entourage. À peine connaissent-ils un début de
réussite que bien souvent ils étalent une extraordinaire
suffisance, prennent des airs arrogants et se permettent
un faste injustifiable et totalement déplacé. C'est pourquoi, qui n'a pas connu la souffrance n'a pas l'âme vraiment trempée. C'est dans la jeunesse qu'il est souhaitable de traverser des épreuves. Le samouraï n'est bon à
rien s'il succombe à la fatigue ou au découragement
dans les temps de détresse.

La forme ultime de l'amour est l'amour secret
M'entretenant l'autre jour avec quelques personnes, je
leur fis part de ma conviction que la forme ultime de
l'amour est l'amour secret. Partagé, l'amour diminue de
stature. Se consumer d'amour tout au long de sa vie,
mourir d'amour sans avoir prononcé le nom chéri, là est
la véritable signification de l'amour. Il est un poème qui
dit ceci :

Je mourrai pour mon amour
Ne connaîtrai la vérité que dans la fumée qui demeure —
le nom de mon amour, mon ultime secret.

L'amour que décrit ce poème est d'une élégance suprême.
Le jour où je tins ces propos, cinq ou six des personnes pré-
sentes, émues par ce poème, voulurent se souvenir du vers :
« Ne connaîtrai la vérité que dans la fumée qui demeure » et
firent cette trouvaille : « les amants de fumée ».

Avant toute chose, perce à jour le caractère de ton interlocuteur
Lorsqu'on s'entretient avec quelqu'un, il faut rapidement le jauger de façon à accorder son comportement à
la situation. Lorsqu'on a affaire, par exemple, à un prétentieux raisonneur, on s'exprimera avec toute l'humilité possible pour ne pas l'offenser ; cependant, on utili-
sera les prémisses logiques qu'il a lui-même posées pour
réfuter son argumentation et on prendra bien soin de ne
lui laisser aucun ressentiment ni amertume. C'est affaire
d'intuition et d'habileté rhétorique...

Le bon garçon est voué à l'échec
Le bon garçon finit bon dernier. L'être humain doit
être un débordement de vitalité.

Comment former ses supérieurs
Lorsqu'on a un seigneur plein d'équanimité et de
bonne humeur, on fera son possible pour l'encourager
dans ces bonnes dispositions et on fraiera la voie à ses
entreprises afin qu'il ne connaisse pas l'échec. Le but est
d'affermir sa volonté. Si le seigneur est d'humeur chan-
geante et emportée, amenez-le à s'incliner devant votre
sagesse ; faites en sorte qu'il se demande à propos de
chacun de ses actes : « S'il venait à apprendre ceci, l'ap-
prouverait-il ? » Imposer une telle discipline est un acte
de grande loyauté. Si personne de sa suite n'en est capable, le seigneur aura l'impression que toute sa maison le
flatte et le courtise et il deviendra arrogant. Si justes que

soient les vues du daimyo sur le gouvernement, un orgueil outrecuidant peut tout gâcher. On ne s'en rend pas souvent compte. Des hommes tels que Kyūma Sagara (qui servit Mitsushige), et Kichiemon Harada (qui servit Katsushige, Mitsushige et Yoshishige) étaient très attentifs à cela et tinrent toujours fermement en lisière leurs jeunes maîtres. On dit que Yoshishige se rendait auprès de Kichiemon Harada même quand il était malade et même quand il se fut retiré. Voilà le résultat auquel il faut arriver. C'est parce qu'on s'imagine qu'un tel rôle est difficile à tenir qu'il devient réellement impossible. Je sais d'expérience que si on déploie pendant dix ans des efforts acharnés de tous les instants, on peut devenir un serviteur hors de pair. Ce dont il s'agit c'est de faire de soi-même un acquis irremplaçable pour le fief ; celui qui se refuse à cet effort a donc l'âme bien faible et le cœur bien lâche.

Le modèle le plus achevé est Nobutaka Itagaki, serviteur de Shingen Takeda. C'est un homme de la trempe du Grand Ancien du *bakufu,* Takamoto Akimoto. Il va de soi que le serviteur qui n'a pas la faveur de son seigneur n'a pas l'occasion de faire pleinement la démonstration de sa loyauté. C'est là un problème important, dont peu de gens ont conscience. Ce qu'il faut faire, c'est éduquer son seigneur en sorte qu'il acquière peu à peu la sagesse.

Une résolution après l'autre finissent par faire une vie
En dernière analyse, la seule chose qui compte, c'est la résolution dont on fait preuve à chaque moment. La vie entière du samouraï est une suite continue de résolutions prises. Lorsqu'il a compris cela, il n'a plus à éprouver aucune impatience, il n'a plus rien à attendre qui dépasse chaque moment. Il n'a qu'à rester concentré sur sa résolution. Mais les gens ont tendance à oublier cela et à s'imaginer qu'il existe autre chose d'important. Rares sont ceux qui voient la vérité. Il faut de nombreu-

ses années pour apprendre à suivre sans défaillance sa résolution. Mais une fois qu'on s'est élevé à cette conscience, même si ce n'est pas une pensée claire, la résolution ne change plus. Celui qui s'est pénétré parfaitement d'une résolution unique, il est bien rare qu'il s'égare. C'est en cela que consiste la loyauté envers ses propres convictions.

La nostalgie est souvent paralysante
Le climat d'une époque est inaltérable. La dégradation continue de la situation prouve que nous sommes entrés dans le dernier stade de la Loi. Or, le printemps ou l'été ne peuvent durer toujours ni le jour luire constamment. Il est donc vain de vouloir rendre l'époque actuelle pareille au bon vieux temps d'il y a un siècle. L'important est de faire en sorte que chaque époque soit aussi bonne qu'elle peut l'être compte tenu de sa nature. L'erreur de ceux qui ont toujours la nostalgie des mœurs passées tient à leur méconnaissance de cette vérité. En revanche, ceux qui n'apprécient que ce qui est au goût du jour et méprisent le démodé sont bien superficiels.

Tout apprentissage exige à la fois confiance en soi et lucidité
Il faut former les jeunes gens à la valeur militaire en sorte que chacun d'eux ait la certitude d'être le guerrier le plus expert et le plus brave du Japon tout entier. En contrepartie, le jeune samouraï doit juger quotidiennement son exactitude à observer la discipline et remédier rapidement à toute insuffisance qu'il constate. Si l'on ne prend pas ainsi en considération les deux aspects de la valeur du samouraï, on n'aboutit nulle part.

Ne laisse jamais échapper la chance
Kenshin Uesugi aurait dit un jour . « À ma connaissance, il n'existe aucun artifice qui permette de s'assurer la victoire. Ma seule règle en la matière, c'est qu'il faut

sauter sur toute occasion et ne jamais laisser échapper la chance. » Voilà une observation intéressante.

L'abstinence et la maladie
Il est bien léger d'attendre d'être tombé malade pour commencer à prendre soin de sa santé. D'autant qu'il est extrêmement difficile de traiter une maladie dès lors qu'elle s'est pleinement déclarée. À la lumière du principe bouddhiste de causalité, il est tout à fait naturel que celui qui ne prend pas convenablement soin de lui-même tombe malade, encore qu'apparemment les médecins eux mêmes ne soient guère conscients de la nécessité d'éliminer la maladie avant qu'elle se déclare. Ma certitude en ce domaine se fonde sur une expérience directe. La meilleure méthode pour prévenir la maladie consiste à maîtriser ses appétits de nourriture, de boisson et de rapports sexuels et à brûler des moxas chaque fois qu'on en a le loisir. Étant né de parents déjà âgés, on pensait que j'avais une quantité insuffisante d'eau dans le corps. À ma naissance, le pronostic du médecin était que je ne dépasserais pas vingt ans. Je me dis que ce serait grand dommage de mourir avant d'avoir tiré de la vie quelque satisfaction et rempli mes devoirs de samouraï ; aussi décidai-je de surprendre tout le monde en vivant jusqu'à un âge avancé. Après m'être abstenu de rapports sexuels pendant sept ans, je ne fus plus sujet à la maladie et ainsi ai-je survécu jusqu'à maintenant. Durant tout ce temps, jamais je n'ai pris de médecine. Et si jamais je me sentais menacé d'indisposition, je la repoussais par la seule force de ma volonté. Aujourd'hui, les gens voient la source de tous leurs maux dans la faiblesse congénitale de leur constitution et tous meurent jeunes à force de s'adonner à l'amour. Quelle sottise ! Que les médecins sachent bien ceci : que si leurs patients se voyaient imposer une abstinence de six mois, d'un an ou à la rigueur de deux ans, leurs maladies se soigneraient d'elles-mêmes. Dans

l'ensemble, la génération actuelle est lâche et veule. Incapable de maîtriser ses appétits, comment pourrait-elle s'indigner d'être traitée de dépravée ?

La résolution suprême : mourir en fanatique

Le samouraï doit tirer un grand orgueil de sa valeur militaire ; sa résolution suprême doit être de mourir en fanatique. Il doit faire tout son possible pour se discipliner, en sorte que ses pensées, ses propos et ses actes de chaque jour soient purs et sans tache. Quant à la manière la plus appropriée de servir le daimyo, on demandera conseil à un homme de confiance et dans les affaires les plus importantes à quelqu'un qui ne soit pas personnellement impliqué. Tout au long de sa carrière, on aura pour unique préoccupation d'être utile aux autres et on sera bien inspiré de ne pas chercher à savoir ce qu'on n'a pas besoin de savoir.

Lorsque l'eau monte, le bateau en fait autant

Il est un proverbe qui dit : « Lorsque l'eau monte, le bateau en fait autant. » En d'autres termes, face à l'épreuve, les capacités humaines s'élèvent. L'homme vertueux et capable, plus il a à surmonter de difficultés, plus il s'applique à cultiver ses qualités personnelles. C'est une grave erreur, en vérité, que de s'affliger face à l'adversité.

Futilité de l'existence

Après y avoir songé longtemps, il m'est venu l'idée que l'être humain est une marionnette très habilement conçue. Sans qu'aucun fil la soutienne, elle peut marcher, sauter et même parler — quelle merveille d'ingéniosité ! Et pourtant, d'ici à la prochaine fête des Lanternes, il se peut qu'il meure et revienne nous hanter. Futilité que cette existence ! Les gens ont toujours l'air de l'oublier.

Concentre-toi sur l'instant présent
Voici ce que dit un jour Maître Jōchō à son gendre
Gonnojō : « Maintenant est le moment et le moment est
maintenant. » Nous nous plaisons à croire que la vie de
tous les jours n'a rien à voir avec les moments critiques,
si bien que quand sonne l'heure de l'action, nous sommes pris de court ; invités à comparaître devant le daimyo ou envoyés en mission, nous risquons de rester
sans voix. Cela montre bien que dans notre esprit nous
séparons « le moment » de « maintenant ». Comprendre
le sens de la formule « le moment est maintenant », cela
signifie travailler assidûment sa partie dans un coin de sa
chambre pour se préparer à ce genre d'éventualité.
Même si, de toute sa vie, il ne doit jamais être convoqué
devant le daimyo, le samouraï doit malgré tout être prêt
à s'exprimer intelligiblement en présence du daimyo et
de ses conseillers ou même du shogun en personne et,
de façon plus générale, en public.
Ç'est ainsi qu'il convient d'aborder chaque chose que
l'on fait, que ce soit la pratique des arts martiaux ou
l'accomplissement de ses devoirs envers l'État.

N'encourage pas la faiblesse des affligés
Si une personne plongée dans l'affliction reçoit pour
consolation des propos peu stimulants du genre : « Je
suis vraiment désolé d'apprendre... », sa détresse et son
trouble risquent de s'en trouver portés à des extrêmes
tout à fait déraisonnables. Ce qui convient, au contraire,
à ce genre de circonstances, c'est de faire comme si rien
ne s'était passé et d'amener le malheureux à détacher
son esprit de son tourment en lui faisant observer, par
exemple, qu'à certains égards les choses sont mieux
ainsi. Et il finira par l'admettre. Dans ce monde incer-
tain, il n'est nul besoin de prendre profondément à cœur
tous les chagrins qui surviennent.

L'homme et sa mine

On devrait toujours avoir sur soi du fard et de la poudre. Il peut arriver qu'on se réveille indisposé par quelque excès fait la veille et qu'on ait mauvaise mine. Il faut alors recourir au fard.

Comment régler une question délicate

Lorsque vous devez procéder à une consultation, commencez par vous entretenir avec chacune des personnes concernées avant de réunir les gens dont vous avez besoin de connaître l'avis, puis décidez. Sinon, il se trouvera toujours quelqu'un pour vous reprocher cette décision. De même, lorsqu'il se tient une conférence importante, il est souhaitable de consulter en secret les personnes qui ne sont pas directement concernées. Leur intérêt personnel n'étant pas en jeu, elles auront souvent l'idée de la solution la plus judicieuse. Si vous consultez les gens impliqués dans l'affaire, ils seront portés à vous donner un avis qui favorise leurs intérêts. Or, un tel avis n'est pas très utile.

Défie les dieux s'ils entravent ta marche

Si les dieux sont d'une essence telle qu'ils restent sourds à mes prières pour la seule raison que j'ai reçu la souillure du sang, je sais que je n'y peux rien, aussi continué-je à leur rendre mes devoirs sans tenir compte de la souillure. On a beau dire que les dieux détestent la souillure, j'ai ma propre idée sur la question. Je ne néglige jamais les devoirs quotidiens du culte. Sur le champ de bataille même, lorsque tout éclaboussé de sang, je trébuche sur des cadavres, je crois dans l'efficacité des prières par lesquelles je demande aux dieux la victoire et une longue vie.

La vie humaine ne dure qu'un instant

La vie humaine ne dure qu'un instant. Passons-le donc à faire ce qui nous plait. En ce monde fugace comme un songe, c'est folie que de vivre misérablement, adonné aux seules choses qui nous rebutent. C'est là un secret de métier qui risque de s'avérer nuisible si on l'interprète mal et que j'ai donc décidé de ne pas transmettre aux jeunes gens. J'aime à dormir. Face à la situation actuelle du monde, je pense que je vais rester chez moi et dormir.

Connais tes possibilités et tes limites
Il est fréquent qu'un homme considérable soit pleinement conscient de son importance et, bien qu'homme d'esprit, devienne de plus en plus arrogant. Ce qui est vraiment difficile, c'est de connaître aussi bien ses faiblesses que ses points forts. Je dois cette observation au maître zen Kaion.

La dignité
La dignité d'un homme se mesure à l'impression qu'il fait. Il y a de la dignité dans l'assiduité et dans l'effort. Il y a de la dignité dans la sérénité. Il y a de la dignité dans l'expression réservée des lèvres. Il y a de la dignité dans la rigueur avec laquelle on observe l'étiquette. Il y a de la dignité dans la justesse constante de la conduite. Il y a beaucoup de dignité également dans des dents serrées et des regards fulgurants. Ce sont toutes là des qualités extérieurement visibles. L'essentiel est de se concentrer sur elles en toutes circonstances et de les manifester avec une totale sincérité.

Ne te moque jamais d'un débutant
Je rapporte ici des propos de Kazuma Nakano : « Il est mesquin et de mauvais goût, disent certains, d'utiliser de vieux ustensiles pour la cérémonie du thé ; il vaut mieux des neufs. » D'autres justifient l'utilisation d'ustensiles anciens par leur qualité d'authenticité. Les uns et les autres ont tort. Il est vrai que les vieux ustensiles ont pu servir à des gens pauvres mais leur ancienneté même leur confère une qualité grâce à laquelle ils se sont

retrouvés parfois entre les mains de personnages émi-
nents. Le cas du samouraï est comparable. Celui qui,
malgré l'obscurité de ses origines, se fait un nom et
atteint un rang élevé ne doit vraiment ses vertus et sa
fortune qu'à lui-même. Et pourtant les gens sont souvent
enclins à se plaindre d'avoir à travailler aux côtés d'un
homme aux origines douteuses et à refuser de considérer comme un supérieur un officier sorti du rang. S'être
élevé dans la hiérarchie à partir de rien n'est possible
que si on fait preuve de plus de capacité et de mérite que
ceux qui avaient dès le départ tous les atouts en main.
Cela appelle donc un plus grand respect encore.

Il est conseillé de rester ostensiblement à l'écart de ses supérieurs
Si l'on veut réaliser quoi que ce soit d'important, on se
tiendra ostensiblement à l'écart du seigneur du *han* et de
ses principaux conseillers. Si on passe son temps accro-
ché aux basques de ses supérieurs et suspendu à leur
parole, on n'arrivera à rien. N'oublions pas cela.

Le silence est d'or
Il est mauvais de dire du mal des autres. Il est également malséant de les louer. Le samouraï doit connaître
sa propre stature, cultiver sa discipline avec constance et
parler aussi peu que possible.

Conserve ton calme
L'homme doué de vertu conserve au tréfonds de lui-
même une sorte de calme, ou d'aisance, qui fait qu'il n'a
jamais l'air occupé. Les hommes sans mérite ignorent la
paix de l'âme, courtisent la gloire à qui mieux mieux et
se tendent continuellement les uns aux autres des tra-
quenards.

S'il te faut tomber, tombe en beauté
Dans un débat ou dans une controverse, il arrive parfois qu'à perdre vite on perde en beauté. Il en est de

même dans la lutte *sumō*. Si à force de vouloir absolument gagner on en vient à tricher, on se retrouvera à la fois déshonoré et perdant.

Donne-toi sans réserve à ta tâche

Si j'en crois mon gendre Gonnojō, les jeunes hommes d'aujourd'hui deviennent efféminés. Notre époque qualifie de vertueux les gens de bonne compagnie, les gens amènes, les gens qui ne vous causent pas de désagrément, les gens aimables, si bien que la passivité envahit tout et que la force de volonté n'a plus de valeur. Le samouraï dominé par l'instinct de conservation est spirituellement infirme. Prenons ton cas pour exemple. Tu considères sans doute comme inexcusable de t'être laissé adopter par une autre famille, déniant ainsi non pas tant ce que tu avais acquis par ton propre mérite mais ce que tes parents s'étaient donné tant de mal à obtenir. C'est du moins l'opinion la plus répandue. Je ne la partage pas. Du temps où je servais, jamais je n'ai accordé la moindre pensée à la question du mérite. Vu que nos appointements ne nous appartiennent pas à nous-mêmes mais au seigneur, il n'y a aucune raison de lui accorder tant de valeur ni de répugner si fort à y renoncer. Devenir ronin ou se suicider selon les rites, tel est en fait le destin final du samouraï au service d'un seigneur. En revanche, c'est une honte que de ruiner l'honneur de sa famille pour une raison immorale, telle que négliger son devoir, se laisser égarer par des désirs égoïstes ou faire souffrir autrui. Tomber pour toute autre raison vaut mieux qu'autrement. Dès lors que l'on a pleinement compris cela, on est capable de faire pleinement usage de ses capacités et d'agir avec énergie et vigueur.

On ne doit jamais se présenter à l'improviste chez quelqu'un

Si vous voulez rendre visite à quelqu'un, convenez-en d'abord avec lui. On ne sait jamais au milieu de quels tracas on peut tomber et si on se présente inopportunément, la visite sera gâchée. Et si d'autres visiteurs se trouvent déjà là, vous ne pourrez évidemment pas parler librement. Lorsque des gens sont réunis autour d'un homme que vient de frapper un revers de fortune ou un deuil, c'est alors que l'on risque tout particulièrement de laisser échapper une parole malheureuse ou de commettre un impair.

En revanche, quelles que soient les difficultés qui agitent votre foyer, ne refusez jamais de recevoir un visiteur.

La rouille attaque l'épée qui reste au fourreau
Quelqu'un a dit un jour : « Il existe deux sortes d'orgueil, l'orgueil intérieur et l'orgueil extérieur. Le samouraï qui ne possède pas les deux n'est bon à rien. On peut comparer l'orgueil à la lame d'une épée : il faut l'aiguiser avant de la remettre au fourreau. De temps à autre, on l'en retire, on la lève à hauteur des yeux, on l'astique et on la rengaine. Le samouraï qui brandirait constamment son épée nue serait inabordable et n'aurait pas d'amis. En revanche, l'épée qui resterait toujours au fourreau, ternirait, rouillerait et plus personne ne la prendrait au sérieux.

Prenons les choses comme elles viennent
Il est arrivé à tout le monde d'échouer dans quelque entreprise importante pour s'être montré impatient. Celui qui ne craint pas de manquer de temps sera en mesure de satisfaire ses désirs plus vite. Disons simplement que son temps viendra. Essayez d'imaginer un instant ce que seront les choses dans quinze ans d'ici. Il est probable que tout aura changé. Des gens ont écrit ce qu'on appelle des « récits d'anticipation » ; mais ils ne prédisent apparemment rien qui présente une différence frappante avec aujourd'hui. De tous les hommes valables qui sont en activité maintenant, il n'en restera sans doute pas un seul de vivant dans dix ans. Même des jeunes gens, il ne restera proba-

blement que la moitié. Le monde va en empirant. Que l'or vienne à manquer, l'argent devient précieux ; que l'argent disparaisse et c'est le cuivre qui n'a plus de prix. Avec le temps les capacités humaines décroissent, aussi celui qui mobilise toute son énergie dans l'effort sera devenu, en quinze années de temps, un samouraï valable. Et comme quinze années passent aussi vite qu'un rêve, si seulement vous prenez bien soin de votre santé, vous finirez par réaliser votre plus vif désir : servir valablement votre daimyo. Dans une époque de héros, il est difficile de se faire un nom. Dans un monde qui se dégrade, il est relativement facile d'exceller.

Ne rejette pas comme verbiage sénile la sagesse de l'âge
Il faut écouter avec gratitude et déférence les paroles d'un homme qui a derrière lui de nombreuses années d'expérience, même s'il ne dit rien qu'on ne connaisse déjà. Il arrive qu'après avoir entendu dix ou vingt fois la même chose, on ait soudain l'intuition d'une compréhension en profondeur. Une telle révélation contient bien davantage que la signification courante des mots.
On a tendance à dédaigner les vieillards et à ne pas prendre au sérieux leur bavardage, mais n'oublions pas qu'ils possèdent le trésor d'une longue expérience.

N'échoue jamais à moitié
L'échec n'est utile à l'homme que s'il est complet et patent et s'il s'accompagne des plus dures épreuves. Un homme sûr mais inflexible n'est pas bien utile non plus.

Les prêtres Saigyō et Kenkō étaient des lâches
Comme je le dis dans mes *Réflexions ineptes**, le devoir ultime du samouraï est d'exprimer ses opinions avec la

---

* Manuel de pratique samouraï rédigé par Jōchō Yamamoto à l'usage de son gendre Gonnojō. (N.d.T.)

conscience d'être le Grand Ancien de la seigneurie, le conseiller du daimyo. Il suffirait de comprendre cela, ce qu'on peut faire ou penser par ailleurs est secondaire ; mais le malheur, c'est que personne ne s'en rend compte. Rares sont ceux qui ont atteint un tel niveau de conscience. Certains, dévorés d'ambition, courtisent et flattent pour s'élever, mais leurs aspirations ne vont pas jusqu'à prétendre au rang de Grand Ancien. D'autres, un peu plus sages, ne voient rien à gagner à devenir de bons samouraïs et passent leur temps à se délecter des *Essais sur l'oisiveté* ou des poésies de Saigyō. Or, à mon avis, Kenkō et Saigyō ne sont rien de plus que des ratés et des couards. C'est parce qu'ils furent incapables d'assumer les devoirs de samouraï qu'ils se déguisèrent en savants prêtres retirés du monde. Aujourd'hui encore, ce genre de littérature convient sans doute fort bien aux prêtres et aux vieillards mais si l'on veut être un samouraï et se battre pour faire son chemin dans le monde, il faut servir efficacement et fidèlement son maître et le suivre jusque dans l'enfer même.

Le Hagakuré, *Livre III*

> *La vraie victoire, c'est celle que l'on remporte sur ses alliés. Vaincre ses alliés, c'est se vaincre soi-même — c'est la victoire de l'esprit sur le corps.*

Garde toujours ton sang-froid
J'ai entendu un jour le seigneur Naoshige déclarer : « Sur le moment, il se peut que tout paraisse n'être qu'amitié et bonne humeur et qu'on y prenne un plaisir extrême, mais après coup il y a toujours quelque geste ou quelque parole qu'on regrette. »

Il peut être sage de fermer les yeux sur les défaillances de ses subordonnés

Un jour que le seigneur Katsushige chassait en un lieu appelé Shiroishi, sa flèche frappa un énorme sanglier. Aussitôt, chacun d'accourir et de s'émerveiller des dimensions inhabituelles de la bête, lorsque, soudain, le sanglier se releva et s'enfuit. L'assistance, stupéfaite, commença à être prise de panique. Alors, Matabei Nabeshima, comme un éclair, tira sur la bête et l'abattit. Mais le seigneur Katsushige s'était voilé la face derrière sa manche, s'écriant : « L'air est plein de poussière. » Cela dans l'intention évidente de ne pas voir le désarroi de tout son monde.

La vraie victoire

Un certain Hyōgo Naritomi déclara un jour ceci : « La vraie victoire, c'est celle que l'on remporte sur ses alliés. Vaincre ses alliés, c'est se vaincre soi-même — c'est la victoire de l'esprit sur le corps. » Le samouraï doit cultiver quotidiennement son corps et son esprit en sorte qu'il n'y ait pas un seul de ses alliés sur dix mille qui ose le toucher ; sinon, il sera certainement incapable de vaincre l'ennemi.

Les tâches insignifiantes sont celles qui requièrent le plus grand sérieux

Oribe Ikuno* rapporta un jour la conversation suivante : « Un jour que Maître Jōchō, dans sa jeunesse, était en train de boire un cordial au château, un de ses parents, Shōgen Nakano, lui demanda : "Dites-moi comment vous entendez, personnellement, le service de samouraï." Et Jōchō répondit : "Puisque nous sommes bons amis, je vous répondrai très franchement. Je suis totalement ignorant, mais il me semble que lorsqu'on

---

* Grand Ancien à l'époque de Mitsushige. (N.d. T.)

vous confie une tâche intéressante et délicate, n'importe qui peut la remplir valablement, alors que si c'est une besogne fastidieuse ou dégradante, on risque de se décourager. Cela n'ira pas et ce sera du gâchis. Pour un samouraï, le sens du devoir signifie avant tout que même si on le charge de tirer de l'eau et de faire cuire du riz pour l'un de ses pairs mieux partagé, il ne le prendra pas de travers mais s'acquittera de cette tâche insignifiante avec zèle et avec ardeur. Vous êtes encore jeune mais vous êtes précoce et j'espère que vous retiendrez ce que je viens de vous dire." »

Un esprit trop vif peut mener à l'impertinence
J'emprunterai mon exemple aux circonstances dans lesquelles Ichiemon Kunō fut promu. Ichiemon s'étant révélé un samouraï d'une valeur exceptionnelle, Katsushige pensait depuis quelque temps à lui accorder une promotion. Mais il hésitait à donner suite à cette idée en raison de la mésentente qui existait entre son beau-frère Mondo (Shigezato Nabeshima) et Ichiemon. Un jour, cependant, apprenant que Katsushige avait l'intention de rendre visite à Ichiemon, Mondo dit à son beau-frère : « Ichiemon est un serviteur de valeur. Pourquoi ne profitez-vous pas de cette occasion pour lui accorder une promotion ? » Enchanté de ces paroles, Katsushige convoqua sur-le-champ Ichiemon et le promut officiellement, ajoutant : « Je suis soulagé que Mondo semble avoir changé de dispositions à votre égard. Vous devriez aller le remercier. » Ichiemon, au comble de la joie, se précipita chez Mondo et le remercia d'être intervenu en sa faveur. Mais il crut bon de lui exprimer également sa gratitude pour le don de trois cents couvertures qu'il avait fait à Katsushige à l'occasion de sa visite chez lui-même, Ichiemon. Lorsque le domestique qui le recevait eut transmis ces propos à Mondo, celui-ci parut en personne et lui dit : « Je vous ai recommandé auprès de Kat-

sushige parce que vous êtes un serviteur fidèle et zélé. Et comme le daimyo partait en voyage, je lui ai prêté des couvertures. Mais ces deux gestes n'ont absolument rien à voir l'un avec l'autre. Je ne me souviens pas d'avoir réglé les différends que j'ai avec vous. Je vous prie de quitter cette maison sur-le-champ et de ne plus jamais souiller mon seuil. Quant aux couvertures, qu'elles me soient retournées. » Et il envoya immédiatement un de ses hommes les chercher. Par la suite, quand Mondo fut sur son lit de mort, il manda Ichiemon et lui dit : « Vous avez l'esprit très vif, en vérité, mais vous êtes très sûr de vous et j'ai cru percevoir en vous de l'impertinence. C'est pourquoi je me suis querellé avec vous toute ma vie dans l'espoir de vous amener à en rabattre. Quand je serai mort, il n'y aura plus personne pour s'opposer à vous, aussi, je vous en prie, faites l'effort d'être un peu plus modeste. » Ichiemon fut ému aux larmes, dit-on.

Comment combattre la nervosité

Avant de partir pour une mission importante, frottez-vous le lobe de l'oreille avec de la salive, respirez profondément et brisez d'un coup le premier objet qui vous tombe sous la main. C'est un procédé secret. De même, si le sang vous monte brusquement à la tête, frottez de salive le lobe de vos oreilles et vous vous sentirez tout de suite beaucoup mieux.

Comment renforcer ses arguments dans un débat

Lorsqu'on doit exposer son point de vue dans un tribunal, on fera bien de répondre : « Je vous donnerai mon opinion quand j'aurai examiné l'ensemble du problème. » Et même si l'on donne une réponse impromptue, il vaut toujours mieux ajouter : « Je veux réfléchir à cela davantage. » On se réserve ainsi une porte de sortie au cas où on s'apercevrait qu'on s'est trompé. Il faut ensuite consulter tel et tel, sans considération de rang ni de compétence. Un homme sage donne toujours des conseils d'une valeur insoupçonnée et si on discute le problème avec des gens dépourvus d'instruction, celui-ci finira par faire l'objet de toutes les conversations, ce qui ne peut, en dernier ressort, que servir la cause qu'on défend. On peut même en parler à ses domestiques en leur disant : « les deux parties affirment ceci et cela et j'envisage d'employer tels arguments », bref, profiter de toutes les occasions pour se répéter à soi-même son discours, de sorte que lorsque vient le moment de le tenir pour de bon on s'exprime avec une aisance et une adresse telles qu'on emporte la conviction. Si, en revanche, on plaide de but en blanc et en se fondant sur ses seules opinions, on a bien des chances de perdre, même si l'on a raison. En tout cas et dans tous les domaines, il est souhaitable de prendre conseil. Si on n'a personne de sage ou d'instruit à sa disposition, on se contentera de sa femme et de ses enfants, car ils ont aussi leur sagesse, après tout. Selon Josui Mura, en de telles circonstances, on a également besoin de l'expérience que donne l'âge. Si on a des observations à faire, mieux vaut les faire sur le moment même car, plus tard, elles risquent d'avoir l'air suspect ou d'être prises pour des excuses. Il ne faut pas craindre, non plus, d'insister énergiquement sur ses arguments, comme un poulet gratte le sol. En faisant comprendre ses raisonnements à ses adversaires, on leur rend le service de les éduquer et la victoire qu'on remporte n'en est que plus brillante. Telle est la bonne méthode pour défendre ses opinions.

On n'a rien à gagner à laisser voir son adresse
Quelle que soit la splendeur de ses exploits, le samouraï dont l'intelligence et l'habileté se voient du premier coup d'œil ne sera jamais crédité d'aucun mérite exceptionnel. S'il ne fait pas mieux que ses contemporains, on le trouvera décevant. En revanche, lorsqu'un homme d'apparence paisible et simple accomplit quelque chose

qui sort si peu que ce soit de l'ordinaire, on le couvrira de louanges.

Il vaut toujours mieux se taire
Pour ce qui est de parler, la meilleure conduite est de garder le silence. Du moins, s'il te semble pouvoir arriver à tes fins sans parler, abstiens-t'en. Et s'il faut parler, exprime-toi de façon aussi succincte, logique et claire que possible. Un nombre incroyable de gens se ridiculisent en parlant avant d'avoir réfléchi.

Commence ta journée par la mort
Une loyauté absolue à la mort ne s'obtient que par un exercice quotidien. On commencera chaque journée par une méditation recueillie dans laquelle on se représentera sa dernière heure et les diverses façons possibles de mourir — transpercé par une flèche, une lance ou un sabre, englouti par la mer, dévoré par les flammes, frappé par la foudre, broyé dans un tremblement de terre, précipité au pied d'une falaise ou vaincu par la maladie — et meurs ainsi pour commencer ta journée. Comme l'a dit un vieil homme, « sitôt qu'on quitte son propre toit, on entre dans le royaume des morts ; à peine franchi le seuil, on trouve l'ennemi ». Et ce n'est pas la cause de la prudence qu'il plaide ici, mais celle de la résolution de mourir.

La condition préalable à toute réussite authentique
Quand on s'élève rapidement dans le monde et, qu'on gagne bien sa vie, on se fait de nombreux ennemis et, à long terme, cette précoce réussite devient insignifiante. Quand, en revanche, on est long à se faire un nom, on a beaucoup de gens avec soi et on peut escompter une fortune encore plus brillante dans l'avenir. Mais, en dernière analyse, peu importe que le succès vienne tôt ou tard ; on n'a pas à s'inquiéter, du moment que la voie

choisie apparaît juste à tout le monde. La fortune véritable est celle que l'on obtient à la satisfaction générale.

*Dans une entreprise d'envergure, on peut fermer les yeux sur les
défaillances mineures*
Si tu es occupé à quelque haut fait, ne te soucie pas des
imperfections mineures. Le samouraï qui est d'une loyauté
absolue envers son seigneur, et brave et généreux pour
l'essentiel, ce n'est pas une grande affaire s'il se montre, à
l'occasion, méchant et égoïste. En fait, la perfection
constante et en toutes choses n'est pas un bien, car elle
risque de faire perdre de vue l'essentiel. Il faut bien qu'un
homme qui accomplit des prouesses pèche par quelque
côté. Qu'importe une faute vénielle de la part d'un homme
qui cultive l'honneur et l'intégrité ?

*En temps de paix et de prospérité, gouverner le pays et le monde ne
présente aucune difficulté*
On pourrait penser que le juste gouvernement du pays
et du monde est une tâche extrêmement difficile, hors de
portée de la plupart des gens. Mais la vérité, c'est que les
anciens qui disposent de l'autorité dans le gouvernement
central ainsi que les conseillers et les Grands Anciens dans
notre seigneurie remplissent des tâches qui ne requièrent
nul talent ni savoir particuliers autres que ce dont je vous ai
entretenu dans ma cabane de branchages. En fait, si l'on se
conforme aux principes que je vous ai enseignés, on peut
gouverner brillamment.

Mais, au fond de soi-même, il y a quelque chose chez
ces personnages qui me met vaguement mal à l'aise.
C'est que, ignorants des traditions de notre fief, incapables de distinguer le vrai du faux, ils ne peuvent faire
fond que sur leur sagesse et leurs capacités innées. On
les a rendus prétentieux et égoïstes à force de craindre
leur pouvoir, de les courtiser et de se prosterner devant
eux en bredouillant : « Oui, monsieur, non, monsieur,
absolument, monsieur, je suis d'accord avec vous. »

DU MÊME AUTEUR

DANS LA MÊME COLLECTION

Impression S.E.P.C.
à Saint-Amand (Cher), le 30 mars 1992.
Dépôt légal : mars 1992.
1er dépôt légal dans la collection : février 1985.
Numéro d'imprimeur : 707.
ISBN 2-07-070360-6./Imprimé en France.

56020